JN036980

知識とスキルがアップする

小学校教員と教育学部生のための

理科授業の理論と実践

新学習指導要領の
実現に向けて

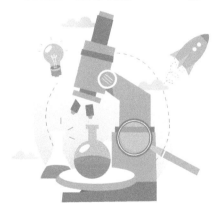

滋賀大学大学院教育学研究科 教授
藤岡達也 編著
Fujioka tatsuya

講談社

執筆者一覧 （カッコ内は担当章）

藤岡達也 （編者、1 章〜 4 章）
　　滋賀大学大学院教育学研究科 （教職大学院） 教授

川真田早苗 （5 章）
　　北陸学院大学人間総合学部子ども教育学科 教授

松林　昭 （4 章：体験談）
　　滋賀大学・京都教育大学・玉川大学 非常勤講師

はじめに

　小学校教員を目指す学生にとって、教職課程における「初等理科教育法」は必修の科目であり、「理科」を教えるための知識・技能を習得しておく必要があります。しかし、文系の学生の中には中学や高校で理科が嫌いになったり、苦手になったりした人もいるのではないでしょうか。その結果、大学もいわゆる文系の学部を受験した人も少なくないでしょう。しかし、小学校教員は理科を避けて通ることはできません。本書では、そのような学生や教員が能動的に理科に取り組めるようになることを目標としています。理科を取り巻く教育界を理解して、自ら創造する教育実践の素晴らしさと楽しさに気付くことができる内容で構成しています。そのため、「初等理科教育法」のテキストとしてもおもむきが少し異なっていると感じられるでしょう。

　本書は2部構成です。まず、前半は学生や教員自身が理科に興味を持ち、積極的に取り組む意識を高めてもらうための内容です。理科を教えるにあたって知っておいてもらいたいこと、意識してもらいたいことを綴っています。教育界には「不易（時代を通じて変わらないこと）と流行」がありますが、理科にも当てはまります。そのことに改めて気付いてください。

　後半は具体的な授業例、研修例を示しています。何事もそうですが、教えるには自らが学んでおかなくてはなりません。教えることを意識した「学び」には真剣さが生じます。子供に教えたり、その中で学んだりする過程で理科の面白さに気付くことがあるでしょう。

　理科に取り組んでいくと、その楽しさは次の3つであることがわかると思います。まず、教師自身が新たなことを知る喜びです。科学は日進月歩です。日々新たな発見や進展があります。次に、それらをどのように子供たちに教えるかを考える楽しさです。理科の授業では実験や観察が必要不可欠ですが、教材研究や教

材開発の面白さは他の教科では味わえない醍醐味があります。最後は、実験・観察を通して子供が新たなことを知ったり、不思議さを感じたり、自然界の素晴らしさに気付いたりした時に感じる教師としての喜びです。子供たちの反応は正直です。表情にすぐに現れるのを見ることも教師冥利と言えるでしょう。

子供たちに理科を教えるために教師自身が知っておかなくてはならない自然の事物や現象は数多くあります。何より、子供たちに学ぶことの大切さや面白さを伝えたいと思えば、教師自身が学ぶことの大切さや面白さを実感しなくてはなりません。

本書を機会に、教員志望者や小学校の先生自身が理科の面白さを感じ、新たなチャレンジを意識してもらえれば、筆者としてはこれ以上の喜びはありません。

令和3年3月
滋賀大学大学院教育学研究科 教授　藤岡達也

第Ⅰ部　理論編

第 II 部　実践編

第Ⅰ部

理論編

第1章 | 理科をめぐる背景と必要性

 1.1 なぜ、理科の見方・考え方は必要か

1.1.1 今日的な理科教育の役割

　まず、理科の学びは自分たちの日常生活とどう関係があるのか、将来にどうつながるのかを少し考えてみましょう。この問いに対しては、これまで理科教育を受けてきた人にとって、明確に答えにくいどころか、義務教育での学びの意義、さらには義務教育以降も全員が理科を学ぶことに疑問を持つ人もいるかもしれません。

　学校の先生方は、授業で培われる「理科」の見方や考え方は「科学」的な思考力やそれに伴う判断力を身に付けるために必要であることが何となく理解できているかと思います。でも子供たちにはどう説明しましょう。自分の経験から具体的に伝える先生もいますし、一般論も含めて論理的に説明される先生もいます。様々な説明の仕方が考えられますが、いずれにしても教員が自ら認識を深めておく必要があります。

　現代でさえ、迷信や偏見、さらには科学的な根拠が不十分であっても事実のように捉えられてしまうことがあります。例えば、2011年に東日本大震災が発生した後、東京電力福島第一原子力発電所の事故によって、地域は大きな被害を受けました。子供たちの中でいじめが生じましたが、大人の世界でも国内外で風評被害等が起きたのも事実です。また、2020年以降、新型コロナウィルス感染症が世界に広がった時も、誤解のある対応によって感染が拡大したこともありました。病気に対する無理解が混乱を拡大させ、終息を遅らせることにもなります。経験したことがない事件や未知の出来事に対する不安から、誤解や迷信・偏見が生じ

やすくなるのかもしれません。

　自ら納得し、適切な行動につながる事実や根拠を探求する姿勢が今後ますます求められるようになってきます。

●広がるインフォームドコンセント

　医療の世界にはインフォームドコンセントという言葉があります。この言葉は、「説明を受け納得した上での同意」という意味です。医師は患者の病気や容態など、体の中でどのようなことが起こっているか、検査や治療の内容、それに伴うリスク、さらには処方する薬について十分な説明をします。一方、患者は内容を理解しようと努め、医師の説明に納得した上で同意して治療を受けることになります。これと同じように、専門家はわかりやすく一般の人に説明するとともに、その説明を受けた人は自分の判断で意思決定をして、場合によっては行動につなげることが求められています。

　専門家ではなかったり、深い科学の知識がなかったりしても、今後、科学的根拠とその理解によって、自らが判断し行動する場面が増えることが考えられます。まずは、基本的な科学知識が備わっていることが大切です。さらに、未知のことや起こっていることを正しく理解しようとする姿勢が必要となってきます。

●科学・技術・社会の相互関連

　一方で、いくら科学技術が発達しても、専門家の間でも結論が出ていない課題、意見が分かれる取り扱いなどは多くあります。これまでの学校教育では、先生は普遍的な知識だけを教えておけば良く、答えが明確でないことは教えないのが一般的でした。

　これからの時代は、科学技術や社会が発展すればするほど、正しい答えを誰も知らないことや、答えが一つだけでないことが増えてきます。その中で、できる限り正確な情報を収集し、自分で考えて判断したり選択したりして意思決定をしていくことが国レベルでも個人レベルでも求められます。例えば、先に述べた医療に関連した問題、資源・エネルギー問題、環境問題・ESD（持続可能な開発のための教育）・SDGs（持続可能な開発目標）に関する課題、そして防災・減災、復興など多くの解決すべきことは、科学・技術・社会が相互に関連する問題です。

確かに高度な内容を伴ったり、国全体の方策であったりするため、専門家や政治的立場の人に意思決定を委ねる場合もあります。しかし、それらを自分の視点から捉えること、自分の立場で考えることは時代が進むほど重要になってきます。

　理科での学びによる科学的根拠が、現在、そして、将来の意思決定の基本となります。知識は重要ですが、知識をいくら集積しても、それだけでは解決できない問題も増えていきます。また、同じ知識や状況であっても、人によって考え方や行動が異なることも珍しくありません。よく出される例を挙げましょう。ビジネスマンがある国に靴を販売しようと出かけたところ、誰も靴を履いていませんでした。この時、この国では靴が売れないと考える人と、ビジネスのビッグチャンスだと思う人に分かれます。その場合でも、なぜその国では靴を履かずに生活しているのかの分析が、次の行動を決める鍵になります。

　これらの科学・技術・社会をめぐる状況をまとめて、図1.1に模式的に示します。

●小学校段階からの科学的な見方・考え方のトレーニング

　文明が発達し時代が進めば進むほど、習得しなければならない知識・技能も増えていきますが、それ以上に科学的な見方・考え方のトレーニングが必要となってきます。これまでの学校教育では、理科も含めて体系化された知識をどのように学習者に効率よく習得させていくかに指導の重点が置かれていました。しかし、

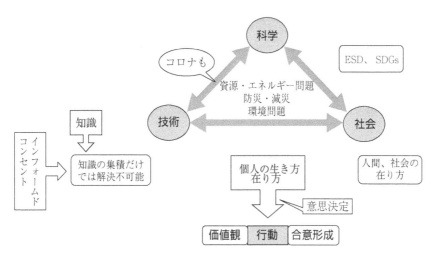

図1.1　科学・技術・社会をめぐる問題

これからは違います。学び方、考え方そのものも教えていく（正確には教えるというよりも学習者自らが気付くような指導をする）ことが重要になってきます。

　例えば、小学校段階でもそれぞれの学年で表1.1のような考え方を身に付けることが求められています。3年生、4年生、5年生、6年生においては、「比較する」、「関係付ける」、「条件を制御する」、「多面的に考える」ことを重点的に身に付けることが期待されています。

表 1.1　小学校理科における各学年で身に付けたい力

比較する	複数の自然の事物・現象を対応させ比べること。具体的には、問題を見いだす際に、自然の事物・現象を比較し、差異点や共通点を明らかにすることなどが考えられる。
関係付ける	自然の事物・現象を様々な視点から結び付けること。具体的には、解決したい問題についての予想や仮説を発想する際に、自然の事物・現象と既習の内容や生活経験とを関係付けたり、自然の事物・現象の変化とそれに関わる要因を関係付けたりすることが考えられる。
条件を制御する	自然の事物・現象に影響を与えると考えられる要因について、どの要因が影響を与えるかを調べる際に、変化させる要因と変化させない要因を区別するということ。具体的には、解決したい問題について、解決の方法を発想する際に、制御すべき要因と制御しない要因を区別しながら計画的に観察、実験などを行うことが考えられる。
多面的に考える	自然の事物・現象を複数の側面から考えること。具体的には、問題解決を行う際に、解決したい問題について互いの予想や仮説を尊重しながら追究したり、観察、実験などの結果を基に、予想や仮説、観察、実験などの方法を振り返り、再検討したり、複数の観察、実験などから得た結果を基に考察をしたりすることなどが考えられる。

　もちろん、これらの見方や考え方は、大人にとっても基本です。大人になった時に備わっていなくてはなりませんし、理科の学習だけで身に付けられるものではありません。

　表に沿って順番に見ていきます。まずは「比較する」です。一つのものをいくら詳しく見ていても、その特色が明らかになるとは限りません。他のものと「比較する」ことによって、理解が深まります。比較するものの数が多ければ多いほ

ど、特色が見えてくることがあるでしょう。他の教科での学びもそうです。例えば、ある国を知ろうと思えば、日本と比較することによって、その違いからその国の特色を理解できるのです。場合によっては、比較することによって類似点も見えてきます。また、同じ国であっても時代によって異なることもあります。比較する視点の重要性は図形などを考える算数でも、文学作品を扱う国語でも同じです。

次の「関係付ける」は、「比較する」ことによって明確になった特色について、その因果関係を考えることです。「比較」の次の段階における重要な理解の方法となります。社会や歴史でも、現代の政治経済や社会情勢、文化などが前の時代とどう違うのか、そこに至るまでの経緯を関係付けたり、様々な状況の変化の要因を結び付けたりすることで、より深い理解が得られるのです。

「条件を制御する」は、事象・現象に対してどの要因が影響を与えているのかを調べる際に、変化させる条件と変化させない条件を区別するということです。科学の世界だけでなく、社会現象の原因を考察する場合にも使われています。例えば、同じ面積や人口を持つ地域同士、またはGDPが同じ国同士において発生したそれぞれの問題について、解決の方法を考えるとします。そのとき、既に存在する同じ要因（制御されている要因、ここでは面積やGDP）を基に、違いを生じる要因（制御しない要因）を探りながら計画的に調査や観察，それに基づいた分析などを行います（理科ならば、変化させる要因と変化させない要因を区別するということです）。2020年に世界を恐怖に陥れた新型コロナウィルス感染症対策について、様々な領域でこのような条件の制御によるアプローチが行われたのは記憶に新しいところです。

「多面的に考える」ことが重要なのは、理科だけではありません。国語、社会、体育などでも必要な思考法です。問題解決を行う際に、解決したい問題について、様々な予想や仮説を尊重しながら追究し、実際に起こった現象や自ら体験したことを基に、意図的に観察、実験、見学、調査を行います。それらの結果から、一連の因果関係を振り返り、再検討し、さらに繰り返したり、方法の異なる観察、実験、見学、調査を行って得た結果を基に考察を深めるのです。

●大人にも必要な見方・考え方

このような見方・考え方は、理科や教科の授業の中だけではなく、あらゆると

ころで応用できる思考法の一つとなります。大人になっても必要であり、読者の皆さんも無意識に行っているでしょう。

　例えば「比較する」は自分を知る上でも、自分の将来を考える上でも重要な考え方です。教育学部の学生さんは、自分の出身地や大学の立地する都道府県の教員になることばかりに目が行き、他の都道府県の賃金などの勤務条件を比較することはあまりないようです。企業に就職する学生さんであれば、自分が興味のある分野であるかどうかはもちろん、各企業の将来性や初任給、労働環境、福利厚生などを比較して受験します。ひょっとして生涯のパートナーを決めるのと同じなのかもしれません。

　また、現在の自分と教壇に立った時の自分とを「比較して」、今の自分には何が足らないのか、何を身に付けるべきなのか、そして何をすべきなのか、を考えることが行動への意欲につながります。逆に自分の努力を振り返り、数年前と明らかに変わった自分を認識し、自信を持つことも重要です。現在の自分と過去の自分、将来の自分など、自分自身を時間軸の中で比較することによって、「自分の理解」が可能になるのです。

コラム　プロスポーツの世界との共通点

　スポーツの世界でも先ほどの4つの「考え方」が必要になることがあります。ヤクルトをはじめとしてプロ野球4球団の監督であった故野村克也氏が、プロ野球の世界にID野球と呼ばれる考え方を取り入れたのはよく知られています（IDとはImportant Dataの頭文字）。一般的に、野球選手も監督も学校の先生も、自分たちの経験を重視し、それに基づいた行動をとるものです。しかし、野村監督は自分の経験だけに頼らず、様々なデータを集め、分析して、戦略を立てた野球人でした。教員にとってもこの思考法は使えます。自分のクラス運営、授業展開を考えたり、児童や保護者への対応を考えたりする場合に役立つでしょう。

1.1.2　理科教育と科学教育

　のちに詳しく述べますが、日本の理科教育と海外（特に欧米）の理科教育には違いがあります。

　日本の理科教育は英訳すると Science Education ですが、欧米の Science Education は科学教育を意味します。同じサイエンスでも「理科」と「科学」では意味が異なります。

　「理科」は明治以降、自然の事物・現象を対象とする教科として設置され、現在に至っています（科目でいうと物理、化学、生物、地学などです）。

　欧米の「科学」の概念は広く、科学技術、科学史、さらには科学哲学、科学倫理、科学技術政策までが「科学」の取り扱い範疇に入ります。日本でも、教育学や経済学のような学問は「社会科学」、文学や芸術は「人文科学」と呼ばれます。つまり、論理性、客観性を持つ学問は全て「科学」なのです。

　近年の理科教育は「日常生活との関わり」も含めています。最近では、学校の「理科」の中で科学的概念の育成が求められ、「科学」との区別が明確に読み取れないところもあります。学校での「理科教育」も広い意味での「科学教育」の一つの場と考えても良いでしょう。

　理科教育法も大学で学ぶ内容であり、「理科教育学」という学問に支えられていると言えるかもしれません。ただ、自然の事物・現象を取り扱っているとは言っても、自然科学の研究とは異なる「教育研究」独特の方法と難しさがあります。

　自然科学と教育研究の違いは何でしょうか。自然科学には再現性が求められます。同じ条件で行った場合、必ず同じ成果が得られなければなりません。自然科学のこのような積み重ねの結果、他の人が取り組んだ成果を基に新たな発見、発展があって、科学技術は進んできたと言えます。一方、教育研究は自然科学の研究ほど進んでいるのかという疑問もあります。例えば、再現性もそうですし、同じ方法や条件を整えたつもりでも対象者が異なれば違った結果が出てくることもあります。

　だからと言って、教育研究は科学的でないのかと言えば、そうではありません。確かに、自然科学と同様に進んできた点もあれば、進んできたとは言えない点もありますが、普遍性や一般性を追究している点では、他の学問領域の研究方法と変わりはありません。

なお、教育学以外でも学問と現実の関係の難しさは昔からあり、かつては「農学栄えて農業滅ぶ」という言葉もありました。本書ではその教育研究の在り方も含めて考えていきます。

●具体的な理科教育の研究アプローチ

　理科教育に限ったことではありませんが、教育研究には次の二つの方法があります。

　1つ目は、文献調査による研究です。研究論文、資料・報告（実践例や統計等も含みます）などの文献を調査し、そこから新たな知見を導き出します。これには海外の文献も含みます。

　2つ目は、教育実践による研究です。特定の課題について自らデータを集約し、実態を実証的に明らかにする方法です。児童の変容によって新たな教材や教育方法の効果を検証することなどがその例です。

　もちろん，これらを合わせた研究方法もあります。

　理科教育の研究は、自然科学の成果を子供たちに伝えるためのプログラムや教材の開発をするところに面白さがあります。自然科学の発展に伴う教材開発（ICTを含めて）は大切ですし、高価な機器や危険性を伴う従来の実験・観察機材を安価にしたり、安全性を高めたりといった教材開発も理科教育の研究と言えます。

　この場合、開発した教材、さらにはそれに基づいたプログラムが児童生徒に対して本当に効果があったかどうか分析する必要があります。これには、質的研究、量的研究と呼ばれる手法が一般的です。これについては深くは取り扱いませんが、言葉だけは知っておいてください。

1.2　時代を反映した教育制度の変遷

1.2.1　戦後の学習指導要領に見る日本の教育の展開

　日本のナショナルカリキュラムと呼ぶべき学習指導要領は、学校での教育活動や授業実践に関する羅針盤としての意味があります。「国家百年の計」と言われる教育の指針は、当然ながら国策とも関わり、学習指導要領がつくられた時代の動向や背景を反映しています。

　まず、ここでは、理科を中心に戦後の学習指導要領の変遷を見ていきます。もともと学習指導要領は戦後の混乱した時代にとりあえず作られた試案でしたが、のちに、教育課程の編成、教科指導において、従うべき法的根拠を持つようになりました。

●戦後の学習指導要領に向けての動き

　1947年（昭和22年）3月に学校教育法が、同年5月に学校教育法施行規則が制定され、小学校教育の抜本的な変革がなされました。学校教育法では、教育は学習指導要領に則ることが決められ、学習指導要領は新学制による学校教育を進めるにあたって不可欠なものとなりました。学校教育法第20条の規定に基づき教育課程（当時は「教科課程」）に関する基本的な事項が定められ、同時に教育課程の基準としての学習指導要領が試案の形で作成されました。

　日本初の学習指導要領は1947年（昭和22年）3月に、一般編が刊行、配布されました。続いて同年に理科とともに、算数科、家庭科、社会科、図画工作科、音楽科及び国語科の各教科別の学習指導要領がつくられました。さらに1949年（昭和24年）には体育科編が刊行されています。ただ、これらは公表が迫られていたこともあり、暫定版として急いで編集が行われました。教科書がそれまでの国定制から検定制へ移行した点も大きな特色です。その後、1951年（昭和26年）に学習指導要領は改訂されました。

●学習指導要領の展開と理科

　学習指導要領は、1958年（昭和33年）から法的拘束力を持っています。そのため、

これを最初の学習指導要領とすることもあります。1958年（昭和33年）改訂の学習指導要領では、科学技術教育の振興が叫ばれ、特に理科、算数の改善が要請されました。

その後、学習指導要領はおおむね10年に1回のペースで改訂が行われています。1951年（昭和26年）の改訂を1回目としますと、2017年（平成29年）の改訂は9回目となります。小学校を例にして改訂の年次と主な内容を表1.2に示します。

表1.2　戦後の学習指導要領の変遷

制定・改訂年	実施年度	主なキーワード（特色・内容等）
1947 （昭和22）	1947	学習指導要領（試案） 成立した教育基本法（1947）との整合 アメリカの経験主義思想による問題解決学習
1951 （昭和26）	1951	教科を4つの経験領域に分ける 自由研究の時間、家庭科、道徳教育の位置付け
1958 （昭和33）	1961	法的拘束力を持つ初の学習指導要領 知識の体系性・系統性、科学技術教育の重視
1968 （昭和43）	1971	教育内容の現代化
1977 （昭和52）	1980	ゆとりカリキュラム（落ちこぼれの問題化） 教科の学習内容削減
1989 （平成元）	1992	新しい学力観と個性重視の教育 教科の学習内容を引き続き削減、「生活科」の創設
1998 （平成10）	2002	自ら学び、自ら考える「生きる力」の育成 学校週5日制、「総合的な学習の時間」の創設
2008 （平成20）	2011	教育基本法の全面改正（2006）の反映 授業時数の増加、理数教育の充実、小学校英語
2017 （平成29）	2020	アクティブラーニング（主体的・対話的で深い学び） カリキュラム・マネジメント

●理科の転換期「スプートニクショック」

学習指導要領の改訂は、理科にとってもいくつかの大きな転換期となっています。

その転換期としては、まず「スプートニクショック」が挙げられます。当時はアメリカとソビエト連邦（当時：以下ソ連と略記）の冷戦時代であり、両国は宇

宙開発でもしのぎを削っていました。アメリカはソ連をリードしていると考えていましたが、1957年（昭和32年）にソ連が人類史上初めて人工衛星スプートニク1号の打ち上げに成功しました。アメリカは大きな衝撃を受け、このことは「スプートニクショック」と呼ばれています。

アメリカはこれを契機として、科学技術教育に力を入れ始めました。翌1958年（昭和33年）には、アメリカの科学技術面での立ち遅れを挽回する目的で国家防衛教育法が制定されました。人材開発と教育の改善を最重要課題と位置付け、多額の予算を付けるようになりました。アメリカだけでなくヨーロッパなど、世界的に科学教育への関心が高まり始めた時期と言えるでしょう。

この流れは日本にも大きな影響を与えました。戦後、日本の教育は文部省（当時）が推進したアメリカ式経験主義教育である「生活単元学習・問題解決学習」が中心でしたが、学力低下への懸念からその効果に疑問が持たれ始めていました。ちょうどそのような時期にスプートニクショックが起こり、1958年（昭和33年）に改訂された学習指導要領に科学技術教育重視の姿勢が盛り込まれました。このことはスプートニクショックが日本の教育に与えた変化として捉えられています。それまでの経験主義教育とは代わって、科学的な知識の積み上げを重視し、教科の構造性を打ち出す系統学習の方向へと大きく舵を切ったと言えるでしょう。

●高度経済成長下の学習指導要領

1968年（昭和43年）、1977年（昭和52年）と学習指導要領の改訂が行われました。1977年（昭和52年）の学習指導要領では、「ゆとりある充実した学校生活の実現」が謳われ、「ゆとり」という言葉が登場したのが特色です。この背景には「詰め込み教育」、「落ちこぼれ」の解消という目的がありました。翌年の高等学校版の改訂においても「ゆとりある充実した学校生活」という記述が入っています。しかし、いわゆる「ゆとり教育」として批判の対象となるのは、次の1989年（平成元年）に発表された新教育課程以降のことです。

●「生活科」、「総合的な学習の時間」の誕生

1989年（平成元年）の学習指導要領の改訂では、小学校1・2学年に「生活科」が誕生しました。今ではすっかり定着しましたが、当時の理科教育関係者は、小

学校低学年での「理科」が「社会科」とともに廃止されることに大きな衝撃を受けました。これに反対する署名運動も起こりました。

1996年（平成8年）の中央教育審議会第1次答申において、国際理解教育、情報教育、環境教育などに対する社会的要請が強まっていることを踏まえ、これらはいずれの教科にも関わる内容を持った教育であることから「横断的・総合的な指導を推進していく必要性が高まっていること」、「一定のまとまった時間を設けて横断的・総合的な指導を行うこと」が提言されました。これを受けて、1998年（平成10年）教育課程審議会答申で、「総合的な学習の時間」の創設が提言されました。これは、自ら学び自ら考えるという「生きる力」を育むことを目指す教育課程を実現するための、極めて重要な役割を担うものとして期待されました。

「総合的な学習の時間」は、1998年（平成10年）に改訂された学習指導要領に組み込まれ、2002年（平成14年）から順次本格実施され始めました。しかし、この頃から、日本の子供たちの学力低下が懸念され始め、2003年（平成15年）12月に学習指導要領の一部改正がなされました（公布日施行、高校は2003年4月入学生から適用）。「総合的な学習の時間」の一層の充実として、各教科等の知識や技能等を相互に関連付けること、各学校における目標・内容の設定と全体計画の作成、教師による適切な指導や教育資源の活用などが新たに盛り込まれました。学力低下を防ぐことが意識された結果と言えるでしょう。

●理数教育の充実

2008年（平成20年）の学習指導要領の改訂は、学力を重視する2003年（平成15年）の要領を一部改正したものになりました。この改訂において理数教育の充実が掲げられたことが重要な点です。また、理数教育だけでなく、伝統的な言語文化に関する教育、道徳教育、体験活動、外国語教育の充実が主な改善事項とされました。

その中で理数教育は、科学技術の土台として、国際的な通用性、内容の系統性、小中学校での学習の円滑な接続を踏まえて、指導内容が充実・改善されました。高等学校では、統計に関する内容を必修化し、これまで以上に理科の各科目の強化が図られました。

これらのことは、TIMSS や OECD-PISA などの国際調査の結果、日本の子供た

ちの学力が高いとは言えなくなってきたことも背景にあります。科学技術立国として日本が世界をリードするには、国際競争に負けない次世代の人材を育成する必要があると考えられたためです。

　この流れを受け継いで2017年（平成29年）に学習指導要領が改訂され、2020年（令和2年）から全面実施となり、新たな教育活動のスタートとなるはずでした。ところが、令和2年度直前に新型コロナウィルス感染症の影響で授業のスタートが大幅に遅れてしまいました。なお、最新の学習指導要領及び新型コロナウィルス感染症の影響については、別のところでも触れます。

1.2.2　明治以降の学制と「理科」

　さかのぼって日本の初めての教育改革とも言える明治の「学制」について触れます。学制の公布は1872年（明治5年）であることは知られていますが、公布とともにすぐに実施されたわけではありません。学制を実施するために府県において学区を定め、学区取締を置き、小学校が設立され始めたのは1873年（明治6年）4月以後のことです。当時の府県においては、学制の実施とは、経費、人材の点からも小学校の設立を意味するものでした。

　文部省（当時）は学制の実施にあたって、まず小学校に力を注ぎ、これを整備した上で、中学校等を充実する方向でした。また、小学校の整備とともに、教員養成が急務であるとし、師範学校を設立しました。この時期の師範学校での教師教育は、科学教育に関連することも含め、外国からの直輸入と言えるでしょう。欧米の教科書をそのまま訳したものが、教科書として使用されていたこともあります。

　日本の学制の実施に大きな影響を与えたのは、文部省顧問のアメリカ人ダビット・モルレーでしょう。当時「お雇い外国人」と呼ばれる研究者や技術者が欧米から数多く招聘されましたが、モルレーもその一人です。モルレーは1873年（明治6年）6月着任以降、日本の教育に数多くの貢献を果たしました。自然科学の面で評価したいのは、英語あるいは仏語をもって日本の国語を改良すべしという改革論に反対して、国語を変更すべきでないことを論じ、日本語の教科書を編纂して西洋の学術を教授することの必要性を説いたことです。自然科学の用語を全て日本語訳にした意義は大きかったと言えます。

「理科」という名称が用いられたのは1886年（明治19年）の学校令においてであり、それまで「博物」などで扱われていたものが「理科」という一つの科目にまとめられました。ここにおいて実質的な理科の内容が決定づけられたと考えられています。1891年（明治24年）の「小学校教則大綱」には、「第八条　理科ハ通常ノ天然物及現象ノ観察ヲ精密ニシ其相互及人生ニ対スル関係ノ大要ヲ理会セシメ兼ネテ天然物ヲ愛スルノ心ヲ養フヲ以テ要旨トス」と記されています。今日の理科の目標の基礎と言えます。ただこの時は、「科学的な考え方の初歩」を教えるのではなく、自然の事物・人工物（道具類）・自然現象について教えるように方針転換がなされました。

　教材としては、明治の初期から現在まで変わらないものもあります。例えば、「1881年小学校教則綱領」では「アサガオ」が登場しますが、現在でも生活科、理科でアサガオの栽培、観察が行われています。また、河川は「地理科」の中で取り上げられています。

● 「総合的な学習の時間」と「郷土科」
　現在の「総合的な学習の時間」のような「郷土科」が設定されたこともあります。明治の終わりから検討が始まり、大正時代に郷土科が設置されました。本格的な郷土教育は1929年（昭和4年）に始まりました。当時の日本は昭和恐慌の直後で、ドイツの郷土科を参考に農村の自立更生を目的とした郷土教育が強調されました。1920年代のドイツの郷土科や合科教授、その後の事実教授などは、総合学習の系統と考えられています。文部科学省はこの時期の教育を「第一次世界大戦後の理科教育革新運動（理科教育改革運動と称すこともある）には、子供自身で行う実験の増加、国定教科書による画一的な理科教育へのアンチテーゼも含まれていた。また、低学年理科への要求も、一部の間で強くなっていた」と捉えています。

　なお、郷土教育の歴史は古く、明治初期にスイスの教育実践家ペスタロッチの直観教授や実物教授の影響を受け、理科教育や地理教育の初歩教育として始まった頃にまで遡ることができます。

●戦時下の「国定教科書」の中での理科

　1903年（明治36年）から1945年（昭和20年）にかけては「小学校ノ教科用図書ハ文部省ニ於テ著作権ヲ有スルモノタルヘシ」と規定されており、「国定教科書」が採用されていました。国定教科書とは、全国の学校で使用させるために国で著作した教科書のことです。現在でもロシアやイラン、マレーシアなど、この制度をとっている国があります。

　さて、1941年（昭和16年）の国民学校発足により、「理科」は「理数科」という教科の中の「理科」（理数科理科）として組み入れられることになりました。「国民学校令施行規則」で、理数科理科の要旨は下記の通り定められていました。

第七条
　　理数科ハ通常ノ事物現象ヲ正確ニ考察シ処理スル能ヲ得シメ之ヲ生活上ノ実践ニ導キ合理創造ノ精神ヲ涵養シ国運ノ発展ニ貢献スルノ素地ニ培フヲ以テ要旨トス
第九条
　　理数科理科ハ自然界ノ事物現象及自然ノ理法ト其ノ応用ニ関シ国民生活ニ須要ナル普通ノ知識技能ヲ得シメ科学的処理ノ方法ヲ会得セシメ科学的精神ヲ涵養スルモノトス
　　初等科ニ於テハ児童ノ環境ニ於ケル自然ノ観察ヨリ始メ日常ノ自然物、自然現象、其ノ相互並ニ人生トノ関係、人体生理及自然ノ理法ト其ノ応用ニ関スル事項ヲ授クベシ
　　高等科ニ於テハ其ノ程度ヲ進メ産業、国防、災害防止、家事ニ関スル事項ヲモ授クベシ

　このように、第七条の「国運の発展に貢献する」や、第九条の高等科での「国防」の記載以外は、現在の理科教育のねらいや取り扱い内容と関連するところがあります。

1.2.3　戦後教育改革と「理科」

　戦後は民主主義に則った学校教育となり、男女共同の理科教育が行われるようになりました。戦後の学校教育法から学習指導要領の変遷については前で述べた通りです。ここでは、小学校についての改革に少し触れておくにとどめておきます。

戦後の学校制度改革によって、学校体系は小学校6年、中学校3年、高校3年、大学4年という「6・3・3・4制」に改められました。戦時下の「国民学校」の名称を再び「小学校」に改め、初等教育を施す6年制の学校としました。

　このときは、1872年（明治5年）の学制以来小学校は8年（尋常科6年＋高等科2年）となっていたものを6年とし、高等科2年を切り離して中等教育を施す学校に編入しました。しかし、初等教育は長い間、6年の小学校課程修了で中等学校に進学していたので、6年制に改めたことによる混乱はなかったと言われています。むしろ中学校が3年となり、義務教育が9年になったこと、それまでの一般的な初等6年、中等5年、高等3年、大学3年（もっとも、これより1年間短い飛び級的な方法もありました）からの変更の影響が大きかったと考えられます。

1.2.4　第3の教育改革「生きる力」の育成と理科教育

　これまで見てきたように第1の教育改革が明治の学制、第2の教育改革が戦後の民主主義教育とすると、第3の教育改革は「生きる力」の育成を目指した教育改革と言えるでしょう。第1、第2の教育改革はともに、日本は欧米に比べて科学技術面で劣っている、これに追いつき、追い越せの意識で進められてきました。教育についても欧米のモデルがあり、これを模範としていればよかったので、それなりに楽なところもあったかもしれません。何よりも評価は知識量（習得量）によって決めることができるため、学習の成果が明確でした。

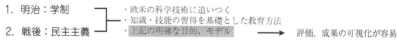

図1.2　日本の教育改革をめぐる背景

　しかし、日本の科学技術も一定の発展をして、教育の世界でも特にお手本となる国が見当たらなくなってきた時、新たな課題が生じたと言えるでしょう。第3の教育改革では、「いかに社会が変化しようと、自分で課題を見付け、自ら学び、自ら考え、主体的に判断し、行動し、よりよく問題を解決する資質や能力など自己教育力であり、また、自らを律しつつ、他人とともに協調し、他人を思いやる心や感動する心など、豊かな人間性である」という「生きる力」の育成が謳われました（1996年中央教育審議会答申の一部）。この答申には、その前年1995年（平成7年）の阪神淡路大震災が大きな影響を与えています。

　「生きる力」の育成は、1998年版、2008年版、2017年版と、引き続き学習指導要領に記されています。ただ、2008年版の学習指導要領が2011年（平成23年）4月に、小学校から全面実施されようとした直前の3月11日に、東日本大震災が起こりました。この二つの大きな震災が、「生きる力」の育成の推進に影響を与えたとも考えられます。さらに、2017年版の学習指導要領が2020年（令和2年）4月から全面実施されようとしたその時に、新型コロナウィルス感染症が発生しました。「生きる力」の育成が、教育関係者に突きつけられた大きな課題であることが再認識される結果となりました。

コラム　学習指導要領と教科書

　学校の先生方は、学習指導要領をしっかり読んで授業に備えているのでしょうか。そうではないかも知れません。もちろん、先生方の学習指導要領に対する意識は高いのですが、日本では、学習指導要領を読まなくても、それに則った授業ができるようになっています。なぜなら、日本の学校教育で使われる教科書は全て文部科学省によって検定されているからです。その検定の基準となっているのが学習指導要領です。

　日本では、検定済みの教科書のみを学校で用いることになっていますので、教科書を用いて授業を行えば、学習指導要領に則った授業になると言っても過言ではありません。民主主義の国でこのような検定があるのは、台湾と韓国ぐらいです（両国では日本の統治下にあった頃の教科書制度が踏襲されているためと言えます）。

　ただ、日本の教科書制度の凄いところは、義務教育の期間中、一人一人に教科書が無償で提供されるという点です。義務教育が無償である国は少なくありません。しかし、教科書までが国から提供される国は、意外かもしれませんが日本だけです。

　なお、台湾では教科書だけでなく、指導書や実験書も検定が義務化されています。日本では指導書は検定の必要がなく、教科書会社が比較的に自由に作成します。この指導書を授業づくりの参考としている先生も多いでしょう。

1.3　国際的な学力調査から見る日本の子供たちの現状

1.3.1　国際数学・理科教育動向調査（TIMSS）

　TIMSS（Trends in International Mathematics and Science Study の略）の目的は、初等中等教育段階における児童・生徒の算数・数学及び理科の教育到達度を国際的な尺度によって測定し（国際教育到達度評価学会（IEA）が実施）、児童・生徒の学習環境条件などの諸要因との関係を分析することです。調査する科目は算数・数学と理科で、小学4年生と中学2年生の生徒が主に対象となります。

　この動向調査が始まったのは理科については1970年（算数・数学は1964年）です。第2回は1983年（算数・数学は1981年）、そして1995年の第3回以降は数学と理科が同時に実施されるようになりました（この年からTIMSSという名称になりました）。1995年以降は4年に1度実施され、現在に至っています。つまり、小学4年生の子供が4年後に中学2年生になった時に再び調査を行い、追跡しています。

　この調査では、算数・数学、理科の試験とともに、児童・生徒質問紙、教師質問紙、学校質問紙による調査が実施され、子供たちの学習状況や学習環境、科目に対する意識も分析・検討されています。つまり、成績の順位だけでなく、理科の好き嫌いや得意・不得意などの意識も調査しているのです。

　2015年までのTIMSSは冊子媒体による筆記型の調査方法をとっていましたが、2023年からコンピュータを使用した調査（eTIMSS）に全面的に移行することが予定されています。そのため、日本では2019年に一部の学校でコンピュータを用いた調査を行っています。

　近年のTIMSSに見る日本の理科教育の課題にはどのようなものがあるのでしょうか。

　まずは、理科のテストの順位に注目してみましょう。1995年から2019年までの動向を表1.3に示しました。なお、2019年は小学校は58か国・地域、中学校は39か国・地域が参加しました。日本では、147校の小学4年生約4200人、142校の中学2年生約4400人が参加し、2019年2〜3月に実施されました。

表 1.3　国際数学・理科教育動向調査（TIMSS）における理科の成績（小学校）

第1回 1995年（平成7年）		第3回 2003年（平成15年）		第4回 2007年（平成19年）		第5回 2011年（平成23年）		第6回 2015年（平成27年）		第7回 2019年（平成31年）	
韓国	597	シンガポール	565	シンガポール	587	韓国	587	シンガポール	590	シンガポール	595
日本	574	台湾	551	台湾	557	シンガポール	583	韓国	589	韓国	588
アメリカ	565	日本	543	香港	554	フィンランド	570	日本	569	ロシア	567
オーストリア	565	香港	542	日本	548	日本	559	ロシア	567	日本	562
オーストラリア	562	イングランド	540	ロシア	546	ロシア	552	香港	557	台湾	558
オランダ	557	アメリカ	536	ラトビア	542	台湾	552	台湾	555	フィンランド	555
チェコ	557	ラトビア	532	イングランド	542	アメリカ	544	フィンランド	554	ラトビア	542
イングランド	551	ハンガリー	530	アメリカ	539	チェコ	536	カザフスタン	550	ノルウェー	539
カナダ	549	ロシア	526	ハンガリー	536	香港	535	ポーランド	547	アメリカ	539
シンガポール	547	オランダ	525	イタリア	535	ハンガリー	534	アメリカ	546	リトアニア	538
スロベニア	546	オーストラリア	521	カザフスタン	533	スウェーデン	533	スロベニア	543	スウェーデン	537
アイルランド	539	ニュージーランド	520	ドイツ	528	スロバキア	532	ハンガリー	542	イングランド	537
スコットランド	536	ベルギー	518	オーストラリア	527	オーストリア	532	スウェーデン	540	チェコ	534
香港	533	イタリア	516	スロバキア	526	オランダ	531	ノルウェー	538	オーストラリア	533
ハンガリー	532	リトアニア	512	オーストリア	526	イングランド	529	イングランド	536	香港	531
ニュージーランド	531	スコットランド	502	スウェーデン	525	デンマーク	528	ブルガリア	536	ポーランド	531
ノルウェー	530	モルドバ	496	オランダ	523	ドイツ	528	チェコ	534	ハンガリー	529
ラトビア	512	スロベニア	490	スロベニア	518	イタリア	524	クロアチア	533	アイルランド	528
イスラエル	505	キプロス	480	デンマーク	517	ポルトガル	522	ドイツ	528	トルコ	526
アイスランド	505	ノルウェー	466	チェコ	515	スロベニア	520	リトアニア	528	クロアチア	524
ギリシャ	497	アルメニア	437	リトアニア	514	北アイルランド	517	デンマーク	527	カナダ	523
ポルトガル	480	イラン	414	ニュージーランド	504	アイルランド	516	カナダ	525	デンマーク	522
キプロス	475	フィリピン	332	スコットランド	500	クロアチア	516	セルビア	525	オーストリア	522
タイ	473	チュニジア	314	アルメニア	484	オーストラリア	516	オーストラリア	524	ブルガリア	521
イラン	416	モロッコ	304	ノルウェー	477	セルビア	516	スロバキア	520	スロバキア	521
クウェート	401			ウクライナ	474	リトアニア	515	北アイルランド	520	北アイルランド	518
				イラン	436	ベルギー	509	スペイン	518	オランダ	518
				グルジア	418	ルーマニア	505	オランダ	517	ドイツ	518
				コロンビア	400	スペイン	505	イタリア	516	キプロス	517
				エルサルバドル	390	ポーランド	505	ベルギー	512	スペイン	511
				アルジェリア	354	ニュージーランド	497	ポルトガル	508	イタリア	511
				クウェート	348	カザフスタン	495	ニュージーランド	506	ポルトガル	504
				チュニジア	318	ノルウェー	494	フランス	487	ニュージーランド	503
				モロッコ	297	チリ	480	トルコ	483	ベルギー	501
				カタール	294	タイ	472	キプロス	481	マルタ	496
				イエメン	197	トルコ	463	チリ	478	カザフスタン	494
						グルジア	455	バーレーン	459	バーレーン	493
						イラン	453	ジョージア	451	アルバニア	489
						バーレーン	449	アラブ首長国連邦	451	フランス	488
						マルタ	446	カタール	436	アラブ首長国連邦	473
						アゼルバイジャン	438	オマーン	431	チリ	469
						サウジアラビア	429	イラン	421	アルメニア	466
						アラブ首長国連邦	428	インドネシア	397	ボスニア・ヘルツェゴビナ	459
						アルメニア	416	サウジアラビア	390	ジョージア	454
						カタール	394	モロッコ	352	モンテネグロ	453
						オマーン	377	クウェート	337	カタール	449
						クウェート	347			イラン	441
						チュニジア	346			オマーン	435
						モロッコ	264				
小学校3、4年		小学校4年		小学校4年		小学校4年		小学校4年		小学校4年	

（文科省 Web ページより）

さて、これらの調査からの日本の特徴は次の2点です。

①小学校、中学校ともに上位の成績を維持しているが、2019年は前回調査（2015年）に比べ、平均得点が有意に低下している。

②経年での変化を見ていくと、2003年以降、550点未満の児童生徒の割合が減少していたが2019年になって増加し、550点以上の児童生徒の割合は増加傾向が見られたが2019年は減少した。

全体的に見ると、日本の子供たちは頑張っていると捉えることもできますし、それ以上に理科の先生が頑張っていると考えることも可能です。

次に児童・生徒の質問紙調査の結果から代表的な項目の移り変わりを見てみま

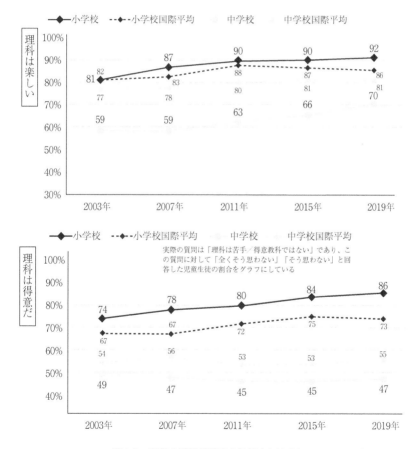

図1.3　理科の質問紙調査の結果(1)（文科省Webページより）

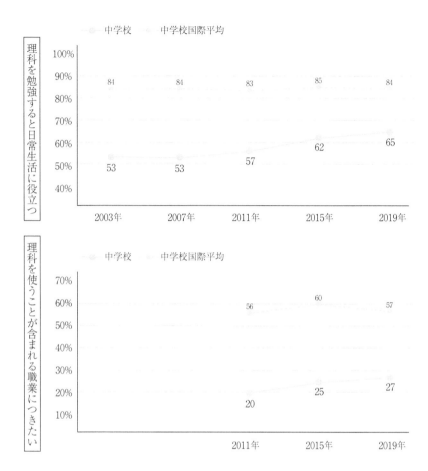

図 1.4　理科の質問紙調査の結果（2）（文科省 Web ページより）

しょう。項目は「理科は楽しい」、「理科は得意だ」、「理科を勉強すると日常生活
に役立つ」、「理科を使うことが含まれる職業につきたい」の 4 つであり、図 1.3
と図 1.4 は 2003 年から 2019 年までの経年変化をグラフ化したものです。

　小学校においては、「理科は楽しい」と回答している児童が約 9 割となっており、
国際平均を上回っています。また、中学校においては、「理科は楽しい」と回答
している生徒の割合は増加しているものの、国際平均との差は依然広いままです。

　一方、小学校においては、「理科は得意だ」と回答している児童の割合は増加し、
国際平均よりも高い傾向が見られます。ところが、中学校では、国際平均よりも
低く、肯定的な生徒の割合が少ないと言えます。小学校と中学校での「理科は楽

しい」、「理科は得意だ」の差については、別の章でも取り上げたいと思います。

　さらに中学校においては、図1.4のように、「日常生活に役立つ」、「理科を使うことが含まれる職業につきたい」と思う生徒の割合が増加し、国際平均との差が縮まっている傾向が見られますが、依然として国際平均より低い値です。成績よりも気になるのは、このように、理科に意義がある考えている中学生が少ないことです。

1.3.2　OECDによる生徒の学習到達度調査（PISA）

　OECD（経済開発共同機構）による学習到達度調査（Programme for International Student Assessment、PISA）が、2000年から3年に1度実施されています。この調査では、科学的リテラシー、数学的リテラシー、読解力の3つがテストされ、義務教育修了後の知識・技能が生きて働く力になっているのかを測ります。義務教育修了後ですから、高校入学後の早い時期に実施されます。

　なお、2015年からコンピュータ使用型調査になっています。

　学習指導要領のほうもPISA調査結果から見えてきた課題に対応して、理数教育の充実、例えば、「理科教育における、日常生活や社会との関連を重視する活動、実験・観察など科学的に探究する活動の充実」などが盛り込まれました（2017年（平成29年）学習指導要領）。

　PISA型の「科学的リテラシー」とは、「科学的な考えを持ち、科学に関連する諸問題に関与する能力として、『現象を科学的に説明する』こと、『科学的探究を評価して計画する』こと、『データと証拠を科学的に解釈する』こと」とされています。これに則って、科学的リテラシーに関する出題がされます。

　日本の科学的リテラシーの順位や特色を見ていきましょう。日本の理科教育の特色を明らかにするために他の国と比較していきます。まずは、2000年から2018年までの日本の順位です。参加国は回数を重ねるごとに増えていますが、表1.4では上位20か国・地域だけを示します。

表 1.4　PISA 調査における科学的リテラシー国際比較（72 か国・地域）

	2000 年		2003 年		2006 年		2009 年		2012 年		2015 年		2018 年	
1	韓国	552	フィンランド	548	フィンランド	563	上海	575	上海	580	シンガポール	556	北京・上海・江蘇・浙江	590
2	日本	550	日本	548	香港	542	フィンランド	554	香港	555	日本	538	シンガポール	551
3	フィンランド	538	香港	539	カナダ	534	香港	549	シンガポール	551	エストニア	534	マカオ	544
4	イギリス	532	韓国	538	台湾	532	シンガポール	542	日本	547	台湾	532	エストニア	530
5	カナダ	529	リヒテンシュタイン	525	エストニア	531	日本	539	フィンランド	545	フィンランド	531	日本	529
6	ニュージーランド	528	オーストラリア	525	日本	531	韓国	538	エストニア	541	マカオ	529	フィンランド	522
7	オーストラリア	528	マカオ	525	ニュージーランド	530	ニュージーランド	532	韓国	538	カナダ	528	韓国	519
8	オーストリア	519	オランダ	524	オーストラリア	527	カナダ	529	ベトナム	528	ベトナム	525	カナダ	518
9	アイルランド	513	チェコ	523	オランダ	525	エストニア	528	ポーランド	526	香港	523	香港	517
10	スウェーデン	512	ニュージーランド	521	リヒテンシュタイン	522	オーストラリア	527	カナダ	525	北京・上海・江蘇・広東	518	台湾	516
11	チェコ	511	カナダ	519	韓国	522	オランダ	522	リヒテンシュタイン	525	韓国	516	ポーランド	511
12	フランス	500	スイス	513	スロベニア	519	台湾	520	ドイツ	524	ニュージーランド	513	ニュージーランド	508
13	ノルウェー	500	フランス	511	ドイツ	516	ドイツ	520	台湾	523	スロベニア	513	スロベニア	507
14	アメリカ	499	ベルギー	509	イギリス	515	リヒテンシュタイン	520	オランダ	522	オーストラリア	510	イギリス	505
15	ハンガリー	496	スウェーデン	506	チェコ	513	スイス	517	アイルランド	522	イギリス	509	オランダ	503
16	アイスランド	496	アイルランド	505	スイス	512	イギリス	514	オーストラリア	521	ドイツ	509	ドイツ	503
17	ベルギー	496	ハンガリー	503	マカオ	511	スロベニア	512	マカオ	521	オランダ	509	オーストラリア	503
18	スイス	496	ドイツ	502	オーストリア	511	マカオ	511	ニュージーランド	516	スイス	506	アメリカ	502
19	スペイン	491	ポーランド	498	ベルギー	510	ポーランド	508	スイス	515	アイルランド	503	スウェーデン	499
20	ドイツ	487	スロバキア	495	アイルランド	508	アイルランド	508	スロベニア	514	ベルギー	502	ベルギー	499

　この表を見ると日本の子供たちは常に上位に位置し、数学的リテラシーや読解力と比較しても高いレベルを維持しています。科学的リテラシーではそれなりに健闘していると言えるでしょう。

　また、科学的リテラシーに関する国際比較調査は様々な点で日本の理科教育の特色を表しています。PISA 調査の中心分野は、2000 年から「読解力」、「数学的リテラシー」、「科学的リテラシー」の順で回っています。科学的リテラシーについては、2006 年と 2015 年に詳しい調査がされています。

　科学的リテラシーについて最も詳しい分析がされているのは、2006 年と言ってよいかと思います。理科の授業はこの調査結果の後、大きく変わってきたと思えるところもあります。高等学校などの授業では伝統的に大きく変わっていないところもありますが、特に義務教育では授業内容の変化が見られます。

　以下に示すデータは、理科の授業に関する生徒の認識の調査ですが、日本の理科教育の様子を非常によく表しています。比較対象国として、アメリカ、フィンランド、台湾を取り上げています。

　アメリカは、TIMSS やこの PISA 調査では必ずしも順位は高くありませんが、世界でも最多のノーベル賞受賞者を輩出しています。フィンランドはこの当時、全体的に順位が高く、科学的リテラシーの順位も 2003 年、2006 年と 1 位でした。

台湾は、日本の統治下にあった頃から戦後も長らく、内容も方法も日本の理科教育に追従してきたと言えます。しかし、近年は独自の方法も展開し、高い順位を維持しています。そこで、この3つの国と日本の理科教育の在り方の違いを探ってみました。

　まず、授業の内容と方法についてです。表1.5は教員の授業の様子を示していると考えられるでしょう。

表1.5　対話を重視した理科の授業に関する生徒の認識

　　A「生徒には自分の考えを発表する機会が与えられている」
　　B「授業は、課題に対する生徒の意見を取り入れて行われる」
　　C「生徒は課題についての話し合いをする」
　　D「授業ではクラス全体でディベートしたり討論したりする」

	A	B	C	D
OECD 平均	61	49	42	36
日本	34	17	9	4
台湾	57	41	59	47
アメリカ	74	56	59	47
フィンランド	64	51	37	13

数字は「ほとんどもしくはすべての授業で各質問項目の事柄がある」と回答した生徒の割合（％）。以下の表も同じ

　日本の理科ではディスカッションの少なさが言われます。ディスカッションが少ないのは、知識伝達の重要性が教員に強く認識されてきたからかもしれません。
　理科の実験について生徒に尋ねた結果が表1.6です。

表1.6　生徒の科学研究を取り入れた理科の授業に関する生徒の認識（主体的）

　　A「生徒は、自分たちが予想したことを実験で確かめるよう求められる」
　　B「理科の問題を実験室でどのように調べるかを、生徒が計画するように指示されている」
　　C「実験の手順を生徒自身で考える」
　　D「生徒に自分の課題を選ぶ機会が与えられている」

	A	B	C	D
OECD 平均	23	22	17	16
日本	22	9	9	8
台湾	26	16	15	21
アメリカ	38	45	30	28
フィンランド	14	10	5	7

表1.5の結果と同じように、自主性に関する項目の値が低いという結果が出ています。実際、日本ではこれまで、授業で課題研究に取り組むことが少なかったのは事実です。

　次の表1.7は、教員が、理科の知識を日常生活や社会とつなげた授業を行っているかについての生徒の反応です。日本は他の国と比べて低いことがわかります。近年の台湾の教科書を見ると、台湾の理科教育が技術や社会との関わりを重視していることがわかります。

表1.7　モデルの使用や応用を重視した理科の授業に関する生徒の認識

A「先生は理科で習った考え方が、多くの異なる現象（例：物体の運動、似た性質を持つ物質など）に応用できることを教えてくれる」
B「先生は、科学の考えが実生活に密接に関わっていることを解説してくれる」
C「先生は、理科を学校の外の世界を生徒が理解する手助けとなるように教える」
D「先生は技術的な応用を例にして、いかに理科が社会生活と密接に関係しているかを解説してくれる」
E「生徒は、理科で習った考えを日常の問題に応用するよう求められる」

	A	B	C	D	E
OECD 平均	59	46	38	30	30
日本	26	19	12	16	11
台湾	59	56	35	44	26
アメリカ	68	57	58	50	50
フィンランド	61	41	31	20	25

　もちろん、現在ではこれらの状況から日本の理科教育は変わりつつあると言えるでしょう。

1.4　国内の学力・学習状況調査における地域差

1.4.1　学力・学習状況調査の実施と影響

　文部科学省では、子供たちの学力状況を全国的に把握する「全国学力・学習状況調査」を小学校第6学年、中学校第3学年の児童生徒を対象として、2007年（平成19年）度から毎年実施しています。2012年（平成24年）度から、それまでの国語、算数・数学に加えて、理科を追加することになりました。ただし、理科は3年に1度の実施となっています。

　この調査は、前節でのOECD-PISAの影響も見られます。例えば、文科省によると、「この調査結果における各課題に対応して新学習指導要領を着実に実施する」とともに、「全国学力・学習状況調査の結果により児童生徒の学習状況を把握した上で、知識・技能を実生活の様々な場面に活用する力や、様々な課題解決のための構想を立て、実践して評価・改善する力を育成する指導の充実」を図ることが示されています（下線は筆者）。

　国内では、この学力・学習状況調査における各都道府県の順位に注目が集まるようになりました。なぜか日本人はランク付け、順位付けが好きな国民性のようです。正答率がパーセントで示されているだけにもかかわらず、マスコミ等はその正答率によって各都道府県の順位付けをします。順位の低い自治体では議会で取り上げられ、教育委員会はその対応について明確に答えなければならないこともあります。また、順位の高い都道府県の教育関係機関等に、その地域の取り組みの情報を探ろうと他地域から教育関係者が訪問することも珍しくありません。

　かつて、OECD-PISA調査においても全体的に順位が高かったフィンランドの教育内容・方法が注目され、日本の多くの教育関係者がフィンランドに授業参観に訪れました。読解力などは一時、フィンランドに大きく水をあけられていましたが、日本は途中でひっくり返すまでになりました。すると今度は、国内の学力・学習状況調査で高い正答率の県の学校等に教育関係者が視察に訪れるようになりました。特に秋田や福井等の日本海側の地域の教育が注目されました。順位の一人歩きの怖さと言えるでしょう。

1.4.2　全国学力・学習状況調査とは

●全国調査の目的

　それでは、この調査の目的は何かを見ていきましょう。文科省によると、その
ねらいは、まず、「義務教育の機会均等とその水準の維持向上の観点から、全国
的な児童生徒の学力や学習状況を把握・分析し、教育施策の成果と課題を検証し、
その改善を図る」とあります。この結果を基に「学校における児童生徒への教育
指導の充実や学習状況の改善等に役立てる」、そして、「そのような取り組みを通
じて、教育に関する継続的な検証改善サイクルを確立する」とされています。

　先述のように、正答率の高さの順位が注目されるようになりましたが、結果よ
りもどのような出題があって、どのような問われ方がなされたかを検討する意味
があります。特に理科においては、実験・観察の結果から解答を導くという従来
の形式の出題だけでなく、わかっていない課題を明らかにするためにはどのよう
な実験・観察を行えばよいのかが問われることも目立っています。言い換えれば、
考え方のプロセスの正しさが強く求められていると言えるでしょう。

●理科の問題作成の主な枠組み

　問題作成の主な枠組みとしては次の二つに分けられています。まず、「知識」
の問題（身に付けておかなければ後の学年の学習内容に影響を及ぼす内容や、実
生活において不可欠であり常に活用できるようになっていることが望ましい知
識・技能など）、そして「活用」の問題（知識・技能等を実生活の様々な場面に
活用する力や、様々な課題解決のための構想を立て実践し評価・改善する力など
に関わる内容）です。

　「知識」の問題では、

　　①理科に関する基本的な概念などについて「知識」として問うもの

　　②理科に関する基本的な観察、実験の「技能」について知識として問うもの
があります。

　また、「活用」の問題は、

　　①理科に関する知識・技能を「適用」することを問うもの

　　②理科に関する知識・技能を用いて、「分析」することを問うもの

　　③理科に関する知識・技能を用いて、「構想」することを問うもの

④理科に関する知識・技能を用いて、「改善」することを問うもの
に分類されます。

さらに、「平成30年度全国学力・学習状況調査解説資料について」（国立教育
政策研究所、2018）を引用して、上のキーワード「知識」、「活用」、「適用」、「分析」、
「構想」、「改善」を以下に記載します。

まず、「知識」の問題は、「エネルギー」、「粒子」、「生命」、「地球」などの科学の基本的な
概念を柱とした理科の内容を理解しているかどうかを問うものである。ここでは、自らの問
題意識に支えられ、見通しを持って行う観察、実験を中心とした問題解決に取り組むことに
より得られた理解について、知識・技能として確実に習得しているかどうかを見る。

次に、「活用」の問題は、理科の学習で学んだ知識・技能が実際の自然の中で成り立って
いることを捉えたり、日常生活の中で役立てられていることを確かめたりすることができる
かどうか、つまり、実際の自然や日常生活などの他の場面や他の文脈において、学習で身に
付けた知識・技能を活用しているかどうかを問うものである。

「適用」を枠組みとした問題は、理科で学んだ自然の事物・現象の性質や働き、規則性な
どに関する知識・技能を、実際の自然や日常生活などに当てはめて用いることができるか
どうかを問うものである。ここでは、提示された自然の事物・現象を的確に理解し、それを自
分の知識や経験と結び付けて解釈しているかどうかを見る。

「分析」を枠組みとした問題は、自然の事物・現象に関する様々な情報及び観察、実験の
結果などについて、その要因や根拠を考察し、説明することができるかどうかを問うもので
ある。ここでは、提示された自然の事物・現象について視点を持って捉え、その視点に応じ
て対象から情報を取り出し、原因と結果などの関係で考察しているかどうかを見る。

「構想」を枠組みとした問題は、身に付けた知識・技能を用いて、他の場面や他の文脈に
おいて、問題点を把握し、解決の方向性を構想したり、問題の解決の方法を想定したりする
ことができるかどうかを問うものである。ここでは、提示された自然の事物・現象について
問題を明確に持ち、問題を解決するために、自然の事物・現象に影響を与えると考える要因
を予想し、条件を制御するといった考え方を用いたり、予想が確かめられた場合に得られる
結果を見通したりするなど、解決に向けた方略を持っているかどうかを見る。

「改善」を枠組みとした問題は、身に付けた知識・技能を用いて、自分の考えた理由やそ
れを支える証拠に立脚しながら主張したり、他者の考えを認識し、多様な観点からその妥当
性や信頼性を吟味したりすることなどにより、批判的に捉え、自分の考えを改善できるかど
うかを問うものである。ここでは、自分の考えと他者の考えの違いを捉え、多様な視点から
自分や他者の考えを見直したり振り返ったりすることにより、多面的に考察し、より妥当な
考えを作り出しているかどうかを見る。（下線は筆者）

上の趣旨に基づいた問題はどのようにつくられているのか、具体的には国立教
育政策研究所のWebページで見ることができます。これらの問題は、2017年（平
成29年）学習指導要領で重視されている「思考力・判断力・表現力」とは何か

を具体的に示したものです。これからの時代に身に付けさせたい学力を具現化したとも言えるでしょう。教員や学校も取り組む意義はありますが、その具体的な方法等については、別章の教員研修のところでも触れたいと思います。

　ところで、学力・学習状況調査は都道府県単位でも実施されるようになりましたが（ただ、2020年には東京都をはじめとして、各地の学力テストは中止になりました）、その試験問題はプロセスを重視したものであり、全国学力・学習状況調査に倣ったものと言えます。

 ## 1.5　理科の評価

1.5.1　指導と評価の一体化

　理科に限らず、教科の指導の後には必ず評価が必要となります。そもそも教育活動にはねらいがあり、そのねらいを達成するためにどのような教育が行われ、その結果、学習者がどれくらい達成できたかを検討するためにも、評価はねらいと一体であるべきです。

　教員や学校は、計画、実践、評価という一連の教育活動を繰り返しながら、児童生徒の成長を目指した指導を展開しています。評価の結果によって後の指導を改善し、さらに次の指導の成果を再度評価するといった螺旋的な取り組みの中で、指導に生かす評価を充実させることが求められます。指導と評価の一体化を進めるためには、評価活動を指導の改善に生かして指導の質を高めることが一層重要となります。

　教育実習の段階では、授業前にねらいを明確にし、授業後にまとめを行うように授業を組み立てることを学びます。授業の指導案では、「評価の観点」を入れることもあります。ただ、教育実習では、授業を計画し展開する実践経験が重視されるため、評価を直接行うことはなく、教職に就いてから本格的に学ぶのが一般的です。教職に就いたら、学習の評価を通信簿や面談などを通じて児童生徒や保護者に日常的に十分説明し、共有することが特に大切になってきます。就職してから戸惑うこともあるので、教育実習段階から意識をしておいたほうが良いでしょう。

　学習指導要領の改訂に伴い、指導法や評価法も若干変わっていきます。2017 年（平成 29 年）学習指導要領では、各教科等の目標及び内容が、育成を目指す資質・能力の 3 つの柱、「知識及び技能」、「思考力、判断力、表現力等」、「学びに向かう力、人間性等」に沿って再整理され、各教科等でどのような資質・能力の育成を目指すのかが明確にされました。この 3 つはそのまま、評価の観点とされていますが、「学びに向かう力、人間性等」は「主体的に学習に取り組む態度」と置き換えられています。それぞれの具体的な内容を表 1.8 に示します。

表 1.8　理科の評価の観点及びその趣旨

観点	趣旨
知識・技能	自然の事物・現象についての性質や規則性などについて理解しているとともに、器具や機器などを目的に応じて工夫して扱いながら観察、実験などを行い、それらの過程や得られた結果を適切に記録している。
思考・判断・表現	自然の事物・現象から問題を見いだし、見通しをもって、観察、実験などを行い、得られた結果を基に考察し、それらを表現するなどして問題解決している。
主体的に学習に取り組む態度	自然の事物・現象に進んで関わり、粘り強く、他者と関わりながら問題解決しようとしているとともに、学んだことを学習や生活に生かそうとしている。

　この 3 つの資質・能力を育成するために、「主体的・対話的で深い学び」の視点からの授業改善を図ることで、先述の「指導と評価の一体化」が実現されやすくなると期待されています。

　これらの関係を簡単に図 1.5 に示します。

　「主体的・対話的で深い学び」が重要なキーワードです。現行の学習指導要領の改訂前は、アクティブラーニングが大きなキーワードとなっていました。ただ、アクティブラーニングは捉え方が人によって異なり、法的拘束力を持つ学習指導要領にはそぐわないという理由で「主体的・対話的で深い学び」と記載されることになりました。しかし、これは目的ではありません。先の 3 つの資質・能力を育成するための方法です。従来のように学校の先生だけが子供の学びに関わるのでなく、友達同士の学び合いや、学校外の人材や施設などの活用も重要な方法と

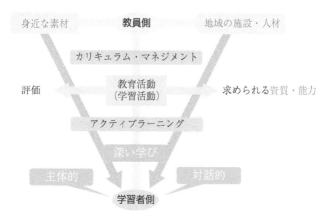

図1.5 「主体的・対話的で深い学び」の視点

なります。

　なお、図の中で、同じ活動であっても「教育活動」は教員から見た場合を意味し、「学習活動」は児童生徒の学習者から見た場合を意味します。同様に「○○教育」と「○○学習」との違いも観点の相違に過ぎません。

　また、教育課程を編成・実施し、学習評価を行い、学習評価を基に教育課程の改善・充実を図るという PDCA サイクル（plan-do-check-act cycle）を確立することが重要となってきます。このことも、まさに「指導と評価の一体化」のための取り組みと言えるでしょう。

　次に表1.8を踏まえて、小学校における理科の評価の観点及びその趣旨を具体的に見ていきます。学年ごとの評価の観点及びその趣旨も文科省によって示されています。表1.9は例として第3学年の評価の観点及びその趣旨を示したものです。

　さらに、内容のまとまりごとの評価規準も示されています。これらは、『「指導と評価の一体化」のための学習評価に関する参考資料　小学校　理科』（国立教育政策研究所、教育課程研究センター）に詳しく記載されています。教育実習だけでなく、研究授業をする時の指導案などの作成の場合に参考になるでしょう。具体的な授業展開等については、本書の第2部で取り上げます。

表 1.9　第 3 学年の評価の観点及びその趣旨

知識・技能	思考・判断・表現	主体的に学習に取り組む態度
物の性質、風とゴムの力の働き、光と音の性質、磁石の性質、電気の回路、身の回りの生物及び太陽と地面の様子について理解しているとともに、器具や機器などを正しく扱いながら調べ、それらの過程や得られた結果をわかりやすく記録している。	物の性質、風とゴムの力の働き、光と音の性質、磁石の性質、電気の回路、身の回りの生物及び太陽と地面の様子について、観察、実験などを行い、主に差異点や共通点を基に、問題を見いだし、表現するなどして問題解決している。	物の性質、風とゴムの力の働き、光と音の性質、磁石の性質、電気の回路、身の回りの生物及び太陽と地面の様子についての事物・現象に進んで関わり、他者と関わりながら問題解決しているとともに、学んだことを学習や生活に生かそうとしている。

1.5.2　教育評価

　「評価」は学習者個人にとっても、学習者の集団さらには教員側にとっても不可欠なものですが、評価方法自体も重要であることは言うまでもありません。評価の方法や測定には「絶対評価」と「相対評価」があります。評価には「評価基準」や「評価規準」が用いられます。よく似た語句が並びますので少し整理します。

● 「絶対評価」と「相対評価」

　近年では、「集団に準拠した評価」(いわゆる相対評価) から、「目標に準拠した評価」(いわゆる絶対評価) が重視されるようになっています。「目標に準拠した評価」(絶対評価) は、学習指導要領に示す目標がどの程度実現したか、その実現状況を見る評価のことを指します。一方、「集団に準拠した評価」(相対評価) は、学年や学級などの集団においてどのような位置にあるかを見る評価のことを指します。

　さらに、児童生徒ごとのよい点や可能性、進歩の状況などを積極的に評価しようとする「個人内評価」もあります。各学校においては、目標に準拠した評価 (絶対評価) を一層重視するとともに、個人内評価を工夫することが求められます。

　評価は学習者にとって、自分の学習成果を客観的に捉え、これまでの学習の問題点を次の学習に生かすための指標となります。何より、学習に対する意欲に大

きく関わってきます。

●「評価基準」と「評価規準」

「評価規準」とは設定した到達目標であり、「評価基準」はどの程度到達できたかを判断する指標のことを言います。「評価基準」は量的な評価として、数値で示します。どちらも「きじゅん」ですが、「基準」を「もとじゅん」、「規準」を「のりじゅん」と呼び分けることがあります。

つまり、到達度評価をするにあたって、先に述べた観点別評価は「評価規準」であると言えます。

●実際の小学校理科での評価

では実際に、小学校の理科ではどのような評価をするのでしょうか。

基本的には現行と大きく変わりませんが、2017年（平成29年）の新学習指導要領に示す各教科の目標に照らして、その実現状況を観点ごとに評価し、次のように区別して記入することになっています。

「十分満足できる」状況と判断されるもの：　　A

「おおむね満足できる」状況と判断されるもの：B

「努力を要する」状況と判断されるもの：　　　C

これに基づき、理科を含めた第3学年以上の評価は、学習指導要領に示す各教科の目標に照らして、その実現状況を総括的に評価し、次のように区別し評定として記入されます。

「十分満足できる」状況と判断されるもの：　　3

「おおむね満足できる」状況と判断されるもの：2

「努力を要する」状況と判断されるもの：　　　1

つまり、観点別学習状況の評価の、評定への総括は、各観点の評価結果をA、B、Cの組み合わせ、または、A、B、Cを数値で表したものに基づいて総括し、その結果を小学校では3段階で表します（中学校では5段階です）。

A、B、Cの組み合わせから評定に総括する場合、各観点とも同じ評価がそろう場合は、小学校については、「AAAA」であれば3、「BBBB」であれば2、「CCCC」であれば1（中学校については、「AAAA」であれば4または5、「BBBB」であれ

ば3、「CCCC」であれば2または1）とするのが適当であると考えられています。それ以外の場合は、各観点のA、B、Cの数の組み合わせから適切に評定します。

1.5.3 ルーブリック評価

　近年、ルーブリック評価が注目されています。ルーブリック評価は学習の達成度を測るための評価方法の一つであり、一般的には図1.6のような表で示されます。

　左端の列に「評価項目」を設定します。この項目は評価する対象によって内容や数を設定していきます。列の一番上に並んでいるA〜D（もしくは1〜4）が「評価（点）」です。これも評価段階に合わせて数の調整は可能です。

　表の「評価項目」と「評価（点）」によってつくられた枠の中に「評価基準」を記載します。この評価基準を設定するのが、重要であり、難しいところがあると言えるでしょう。

　ルーブリック評価が注目を集めるようになっているのには、二つの理由があります。まず、複数の教員が成績評価を行う場合、教員によって大きな評価の差が生じないように「基準」を決めておくことが望ましいということです。次に、学習者が評価基準を知ることによって、「自分が今どの項目をどれくらいできているのか」という自己評価を実施しやすくなるという点です。自分に何が不十分で

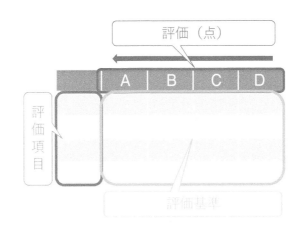

図1.6　ルーブリック評価

あるかを具体的に考えることができます。これは、学習に対する意欲の向上や学習への自主的な取り組みにもつながることが期待できます。

●パフォーマンス評価とポートフォリオ評価

ルーブリック評価以外にも様々な評価方法があります。その代表的なものがパフォーマンス評価とポートフォリオ評価です。

パフォーマンス評価とは、知識やスキルを使いこなす（活用・応用・統合する）ことを求めるような評価方法のことです。論説文やレポート、展示物といった完成作品（プロダクト）や、スピーチやプレゼンテーション、協同での問題解決、実験の実施といった実演（狭義のパフォーマンス）を評価します。

一方、ポートフォリオ評価では、児童生徒の学習の過程や成果などの記録や作品を計画的にファイル等に集積し、評価します。それらのファイル等を活用して児童生徒の学習状況を把握するとともに、児童生徒や保護者に対しその成長の過程や到達点、今後の課題等を示すことができます。

先述した個人内評価に有効的と考えられるのが、このポートフォリオ評価です。

第2章　現代的な諸課題と理科教育の役割

2.1　「総合的な学習の時間」から「カリキュラム・マネジメント」まで

2.1.1　「総合的な学習の時間」と理科教育

「総合的な学習の時間」は、1998年（平成10年）の学習指導要領における「生きる力」の育成を実現するための、具体的な教育活動の時間として登場しました。ねらいとしては、次の3つが挙げられていました。

①自ら課題を見付け、自ら学び、自ら考え、主体的に判断し、よりよく問題を解決する資質や能力を育てること。

②学び方やものの考え方を身に付け、問題の解決や探究活動に主体的、創造的に取り組む態度を育て、自己の生き方を考えることができるようにすること。

③各教科、道徳及び特別活動で身に付けた知識や技能等を相互に関連付け、学習や生活において生かし、それらが総合的に働くようにすること。

確かにねらいについては、これからの子供たちの「生きる力」を育成するためには重要である、と多くの教員は認識しました。しかし、具体的にどうすれば良いのかと戸惑う学校や教員が多かったのも事実です。

特に、学習指導要領に「『総合的な学習の時間』においては、各学校は、地域や学校、児童の実態等に応じて、横断的・総合的な学習や児童の興味・関心等に基づく学習など創意工夫を生かした教育活動を行うものとする」と示されていたため、学校や教員が模索しながらの取り組みであったと言えます。何と言っても「自ら学び、自ら考え…」と強調されていたため、教員側からは積極的に子供を

指導できないという意識がありました。

●「総合的な学習の時間」の課題と転換期

「総合的な学習の時間」は「教科横断・総合的な取り組み」が特色でしたが、それ以上に重視されたのが「課題発見・課題解決型の学習」、「体験を重視した学習」と言って良いでしょう。そこで、環境教育ならば理科教育と連動した実践も可能と考えられることもありました。しかし、結果的には外国語（英語）学習や情報学習が行われることが多く、環境や健康・福祉などは総合的な学習の時間のねらいに沿った展開としては十分でなかったかもしれません。また、学校や教員によって取り組みに差もありました。

このような課題がありながらも、学校教育の中での画期的な学習活動として期待されていました。

ところが、1998 年（平成 10 年）学習指導要領の授業が全面実施された 2002 年（平成 14 年）頃から、子供の学力低下への懸念が出るようになり、ゆとり教育を大きく見直す動きも出てきました。「総合的な学習の時間」もゆとり教育の流れから登場していたため、学力低下につながるなどの否定的な意見もありました。

言語活動や理数教育の充実が重視されたこともあり、2008 年（平成 20 年）度の学習指導要領では「総合的な学習の時間」の授業時間数が減らされることになりました。これにより「総合的な学習の時間」の意義が否定されたというような誤解もありましたが、むしろ、この時間で目指されていた「課題解決型」と「体験型」の学習は全教科に期待されたものであると言って良いかもしれません。

●「総合的な学習の時間」と理科の共通した授業展開

図 2.1 にこれまでの授業展開を示しました。

これまでの学習スタイルは一斉授業が一つの特徴です。一斉授業の学習スタイルはそれなりに日本の教育においては成果を上げてきました。なぜなら、知識の習得に教育の重点が置かれるため、教える内容が明確であった場合には効率的な授業展開だからです。現在でも学習の初期の段階において、基本的な知識・技能の習得にはこのスタイルは不可欠です。

しかし、この教育方法だけでは「生きる力」の育成には限界があります。そこで、

これまでの学習スタイル

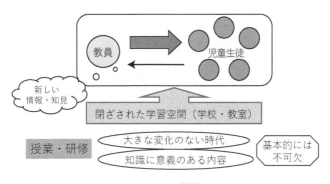

図2.1　これまでの学習スタイル

図 2.2 のような学習スタイルが「総合的な学習の時間」の中で展開されるように
なりました。

　理科の学習の中でも、実験や観察を中心とした展開では、既に総合的な学習の
時間と同じような学習スタイルになっています。このスタイルの場合、学びの場
所は教室だけとは限りません。教員から知識・技能を得るだけでなく、自分や自
分たちで新たな「知」をつくり出す活動と言えます。ただ、教員にとっては、学
習成果をどう評価したら良いか、難しい点があります。

　図 2.1 と図 2.2 を踏まえながら、従来の授業展開と総合的な学習の時間の展開

これからの学習スタイル

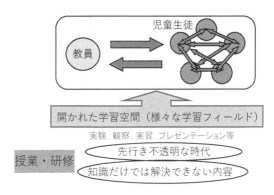

図2.2　「総合的な学習の時間」を例とした学習スタイル

との違いを大まかに表 2.1 に示しました。

表 2.1　これまでの授業とこれからの授業展開

観点	従来の展開	新たな展開
学びの単位	個人	グループ＋個人
学びのスタイル	知覚（聴覚、視覚）	五感（知覚＋からだ全体）
教員の役割	講義者（知識・技能、情報の提供）	進行役、知識・技能、情報の提供者、参加者、体験演出者
学習者の姿勢	聞く、覚える（受動的参加）	参加する、影響し合う知識や技能を自らつくり出す（能動的参加）
教員側の姿勢	知識や技能の伝授→依然として重要	相互の学びを取り入れた学習環境づくり、知的刺激を与える体験活動、振り返りとフォローアップ、学びのモデル化など→アクティブラーニングへ
学びの環境	硬い、真面目	柔らかい、楽しさ、ユーモア
教員側の関心事	言いたいこと、言うべきことを伝える	学習者が楽しく、かつ深く考えられるようにサポート。目的の共有と達成を協力して行う。学びを手段として位置付け、絶えず、次のステップ、広がりを考える
誰のニーズを満たすか	教員自身？	児童、その他？
学びの意義についての意識	意識は少ないか、不明	全ての児童に役立つことを意識

　実はこの探究型、体験型の学習を重視する「総合的な学習の時間」の取り組みは、理科の教育方法と変わりません。例えば理科の自由研究を見ても、課題の発見、解決のための取り組み、考察、まとめ、今後の課題という一連の流れは探究型、体験型の学習に他なりません。

●実験・観察を伴う理科の授業展開の特色

　理科の授業で実験や観察を行う場合においてグループワークは不可欠です。この時、教員は3つの視点（個別の子供、グループ内の子供たち、教室全体の中での子供たち）から、子供たちの学びを捉えます（図 2.3）。

　教員は机間巡視などの中で、子供一人一人の言動を注視します。グループワークでは、どのような話し合いをしているか、一人の子供が一方的に話すのではな

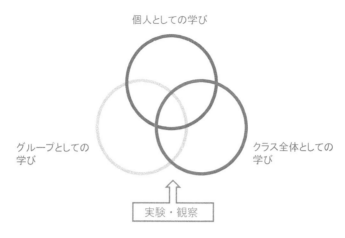

図2.3　実験・観察を伴う理科の学習スタイル

く、グループの全員が他の人の話を聞けているかを読み取ります。そして、グループのメンバーとの話し合いによって、自分の考えを変えたり、新たなものを協力して創り出したりするように教員は働きかけます。さらに、グループで結果をまとめ、クラス全体で発表し合う流れをつくります。

　複数の子供やグループを同時に見取っていく小学校の先生の凄さには驚かされます。最近ではICTを活用して各グループの話し合いの結果を電子黒板で表示することもできるようになっています。

2.1.2　カリキュラム・マネジメント

　カリキュラム・マネジメントとは、学校の教育目標の実現に向けて、子供や地域の実態を踏まえて教育課程（カリキュラム）を編成・実施・評価し、改善を図るという一連のサイクルを、計画的・組織的に遂行することです。また、学校の組織力を高める観点から、学校組織及び運営の見直しを迫るものとされています。カリキュラム・マネジメントは、『「社会に開かれた教育課程」の実現を通じて子供たちに必要な資質・能力を育成する』という、2017年（平成29年）の新しい学習指導要領の理念が基盤となっています。

　新学習指導要領では、理科を含め、授業の質的転換が求められています。繰り返しますが、新学習指導要領では知識及び技能に加え、思考力や判断力、表現力の育成、さらには学びに向かう力、人間性等を柱としており、そのた

めに主体的・対話的で深い学びの視点からの授業改善が求められています。

　当然ながら、これらの資質・能力の育成は一つの教科だけで行えるものではなく、関連する全ての教科がそれぞれのねらいを果たすと同時に、「カリキュラム・マネジメント」の視点から教育課程の在り方を考える必要があります。具体的には、算数で培ったグラフの読み取り能力や国語で養った言語能力を理科でも育成するような、教科をまたいだ実践が求められます。

　これからの「カリキュラム・マネジメント」は以下の3つの側面を持ちます。

　①各教科等の教育内容を相互の関係で捉え、学校の教育目標を踏まえた教科横断的な視点で、その目標の達成に必要な教育の内容を組織的に配列していくこと。

　②教育内容の質の向上に向けて、子供たちの状態や地域の現状等に関する調査や各種データに基づいて教育課程を編成し、実施し、評価して改善を図るという、一連のPDCAサイクルを確立すること。

　③教育内容と、教育活動に必要な人的・物的資源等を地域などの外部の資源も含めて活用しながら効果的に組み合わせること。

　以上のことから新学習指導要領でも、『「アクティブ・ラーニング」は「カリキュラム・マネジメント」とともに、授業改善や組織運営の改善など、学校の全体的な改善を行うための鍵となる二つの重要な概念として位置付けられるものであり、相互の連動を図り、機能させることが大切である』とされています。つまり学校は、それぞれの学校や地域の実態を基に、上の二つを連動させた学校経営を展開することが求められていると言えるでしょう。

● 「総合的な学習の時間」の流れとカリキュラム・マネジメント

　教科横断・総合的な学習の時間の展開も各学校、教員に根付いてきました。今日の学校教育においては、一つの教科内では扱いきれない課題が多々あります。例えば、昨今の喫緊の課題として自然災害を取り扱う場合にも様々な教育内容・方法があります。教科・科目の枠内で考えても、理科と社会科ではそのアプローチの仕方が異なります。

　学習指導要領では、自然災害に限らず、自然現象と人間生活を線引きして、事象を理科と社会科の教科のねらいに応じて取り扱うことになっています。しかし、

小学校卒業後の高校入試やこれまで実施されたセンター試験（2021年からは共通テスト）の出題内容を見ると、これは決して容易ではないことがわかります。理科と社会科の線引きの原因は、戦後、GHQが高等学校における自然地理を理科・地学に、人文地理を社会科・地理に分けたことに遡ります。地理的な内容において人間生活に影響を与える自然環境の形成や構成を取り扱うとなれば、自然科学の観点つまり理科・地学的な内容にも関連してきます。もちろん、地学領域に限らず理科全体においても、日常生活や社会との関わりを無視することができなくなっています。そうなると逆に理科にも社会科学的な観点が必要となります。

　これらのことからもカリキュラム・マネジメントの大切さがわかります。

2.2　環境教育・ESD・SDGsと理科教育

2.2.1　理科教育と環境教育

　環境という言葉は学校でも社会でも様々なところで使われます。理科教育の中でも特に重要な概念ですが、曖昧なところもあります。一般に、「環境」とは「主体があり、それを取り巻く全てのもの」と捉えられています。つまり、「人間または生き物を取り巻き、それと相互作用を及ぼし合うところの外界」ということです。

　環境主体によって環境問題は異なります。人間にとっては快適な環境でも、他の生物にとってはそうでないこともあります。自然界において人間は、常に他の生物に比べて優位な立場で地球上を支配してきたと言えますが（それも限界があるでしょうけど）、人間や国家間では、特定の主体が優位な立場を保つことはできなくなりつつあります（それが健全な国際社会とも言えます）。資源やエネルギーなど、様々な環境問題をめぐって国家間に対立が起こることはご存知の通りです。

　ここでは、理科教育において関わりの深い環境問題を取り上げますが、環境問題は、科学技術と社会との相互関連も無視できません。

●公害と科学の二面性

　日本の環境教育は、自然環境の保全や野生生物の保護、そして公害問題の二つが柱となっています。前者が理科教育と直接関わることは、すぐに理解できるでしょう。では、後者はどうでしょう。公害問題も理科教育と大きく関わっています。1960年代の高度経済成長の著しい時期に、4大公害をはじめとする様々な公害が各地で発生しました。それまで、科学の発展が人間生活を便利で豊かにすると信じられていましたが、この時期を境に疑問符がつけられるようになりました。人間がつくり出したものに人間が被害を受けるという状況に直面し、科学の二面性を認識する必要が生じたのです。

　科学技術の弊害が日本列島全体に公害という形で現れました。その最たるものが、水俣病（熊本県）、四日市喘息（三重県）、イタイイタイ病（富山県）、新潟水俣病（新潟県）の4大公害です。これらは国や企業に対して大規模な訴訟が起こされ、判決までに多くの年月を要しました。訴訟が起こされることで、被害者への補償はもちろんですが、裁判の中で公害の科学的な因果関係が解明されたことには大きな意義がありました。水俣病が典型的な例です。裁判で明らかになった科学的事実によって原因が明確にされ、加害者（公害物質を廃棄した工場等）と被害者（住民等）がはっきりしました。

　被害者に対する偏見や差別、地域に対する風評被害も起こりましたが、科学による事実解明によって克服してきたとも言えます。しかし、福島第一原子力発電所事故発生後、放射能や放射線に対する知識不足により、いじめや風評被害など、同じ悲劇が繰り返されました。2020年の新型コロナウィルス感染症についても、感染者への誹謗中傷は同質のものと考えられないでしょうか。

●現代にもつながる公害の教訓

　4大公害訴訟が始まったのは1965年（昭和40年）であり、それは既に原因がわかっていた熊本県の水俣病ではなく、新潟水俣病です。加害者の会社は阿賀野川に多量のメチル水銀が流れたことを認めましたが、それは1964年（昭和39年）の新潟地震によって、川沿いの農薬倉庫が倒壊して阿賀野川に流れてしまったためと弁解しました（これが原因でないことは裁判で明らかになりました）。なおこの時、「想定外の地震」という言葉が用いられており、東日本大地震の前にも

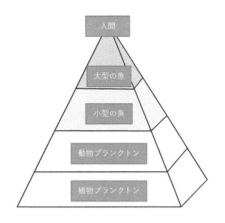

図2.4　生態系ピラミッドと生物濃縮

何度かこの言葉が使われていることがわかります。

　水俣病は、生物濃縮によってメチル水銀が蓄積した魚を、人間が食べたことが原因です。まず、工場廃水に含まれるメチル水銀を取り込んだ植物プランクトンを動物プランクトンが採食し、それを小型の魚が捕食します。さらに、小型の魚を大型の魚が捕食します。この間にメチル水銀が濃縮されていくのです。図2.4で示したように生態系ピラミッドの頂点は人間ですから、最後は人間がそれを食べることになります。メチル水銀は特に脳に蓄積します。妊婦が食べてお腹の子供に水銀がそのまま伝わった例もあります。

　現在も様々な生物濃縮が起きており、魚介類を注視する必要がなくなったわけではありません。

●国連人間環境会議

　ここで環境教育の国際的な変遷と展開を見ていきます。1960〜1970年代の高度経済成長期の公害をはじめとした環境問題は、日本だけでなく、世界全体の課題となっていました。その中で、国際連合人間環境会議（ストックホルム会議）が1972年（昭和47年）6月にスウェーデンで開催されました。この会議は環境問題全般についての初めての大規模な国際会議でした。この会議では、その後の環境問題への取り組みに影響を与える「人間環境宣言」「行動計画」が採択され

ました。なお、今日、環境月間が6月で環境の日が6月5日であるのはこの会議にちなんでいます。

　この時代は先進国共通の環境問題が議論され、いずれの国も経済成長から環境保護への転換期にあたっていました。しかし、開発途上国は先進国とは異なり、まず開発の推進を求め、そのためにも援助の増強が重要であると主張しました。つまり、環境問題は「南北問題」でもあるということがこの時から強く意識されたと言えるでしょう。

　国連人間環境会議から3年後の1975年(昭和50年)には、ユーゴスラビア(当時)において、環境問題に対する新たな認識と環境改善を目的とした国際環境教育会議が開催されました。環境教育を主題とした初めての国際会議です。この会議でベオグラード憲章が採択され、環境教育・訓練の目標・目的・特質などが定められました。この憲章の中で、環境教育の目標は、個人および社会集団で行動するための知識、技能、態度、意欲、実行力を具体的に身に付けた人々を育成することであり、このために、関心・知識・技能・態度・評価能力・参加という6つの目的が示されました。

　この時から、環境教育をどのように実施していくかが各国の大きな課題となりました。

　日本の教育界は、6項目の中で知識・技能は従来の理科などの教科教育でも重視されてきたので取り組みやすいとしても、それ以外の項目はどうしたら良いかと戸惑いを持っていました。これらの項目は、その後の日本の様々な「○○教育」のねらいと大きく関連していきました。

●地球サミットの開催

　1972年(昭和47年)の国連人間環境会議から20年後の1992年(平成4年)に、ブラジルのリオデジャネイロで、環境と開発に関する国連会議(地球サミット)が開催されました。会議には約180か国の政府代表者が参加し、また、国連の各機関とともに約8000のNGO(非政府組織)が集まりました。この会議では、アジェンダ21の採択のほか、当時の地球環境問題の解決が模索され、例えば、気候変動枠組み条約の調印、生物多様性条約の調印、森林開発宣言の採択がなされました。

表2.2　1980年代の環境問題に関する世界の主な動向

1980年代	世界自然保全戦略から持続可能な開発へ
1980	世界自然保全戦略：国際自然保護連合（IUCN）が国連環境計画（UNEP）の委託により世界自然保護基金（WWF）等の協力で作成
1985	オゾン層保護に関するウィーン条約が採択、FAO（国連食料農業機関）が熱帯林行動計画作成
1987	モントリオール議定書が採択（10年間でフロン消費量を1986年の50%減）
1988	気候変動に関する政府間パネル（IPCC）が設置（地球温暖化対策を主目的）、先進七カ国サミット（トロント）ではじめて地球環境問題が議題に取り上げられる
1992	「環境と開発に関する世界委員会」のブルントラント報告を基に「国連環境開発会議」（地球サミット）へ

1980年代の環境問題に関する世界の主な動向を表2.2に示しました。

2.2.2　ESDの展開

　ここまで述べたような国際的な盛り上がりもあって、日本の学校教育でも環境教育の意義を唱える声が高まり、文部省（当時）が「環境教育指導資料」の〈中学校・高等学校編〉を1991年に、〈小学校編〉を1992年に刊行しました。

　国際的な動向としては1997年に「環境と社会：持続可能性に向けた教育とパブリック・アウェアネス国際会議（ギリシア・テサロニキ会議）」が開催され、この会議以降、環境教育とESD（Education for Sustainable Development）とが同等に捉えられるようになりました。ESDとは「持続可能な社会の担い手を育む教育」のことです。この会議の宣言には、「持続可能性に向けた教育全体の再構築には、全ての国のあらゆるレベルの学校教育・学校外教育が含まれている。持続可能性という概念は、自然環境だけではなく、貧困、人口、健康、食料の確保、民主主義、人権、平和をも包含するものである」（下線は著者）と記されています。

　ただ、当時の日本では環境教育の名称が一般的であり、ESDが十分取り上げられることはまだありませんでした。

●国連持続可能な開発のための教育の10年

　21世紀になって、ESDの重要性は一層注目されるようになります。国連人間

環境会議から30年目の2002年に、南アフリカでヨハネスブルク地球サミットが開催されました。小泉総理大臣（当時）は2005年からの10年を「国連持続可能な開発のための教育の10年」として提案し、2002年9月国連総会で日本からの決議案が提出され全会一致で採択されました。

ESDの実施には、特に次の二つの観点が必要となります。

①人格の発達や、自律心、判断力、責任感などの人間性を育むこと。

②他人との関係性、社会との関係性、自然環境との関係性を認識し、「関わり」、「つながり」を尊重できる個人を育むこと。

①については、従来行われてきた日本の教育のねらいと同じでしょう。しかし、②については、東日本大震災発生後の日本にとって重要な意味を持ちます。

ESDでは、様々な分野を多様な方法を用いてつなげ、総合的に取り組むことが重要であるとされています。ESDで育む力には、

①持続可能な開発に関する価値観（人間の尊重、多様性の尊重、非排他性、機会均等、環境の尊重等）

②体系的な思考力（問題や現象の背景の理解、多面的かつ総合的なものの見方）

③代替案の思考力（批判力）

④データや情報の分析能力

⑤コミュニケーション能力

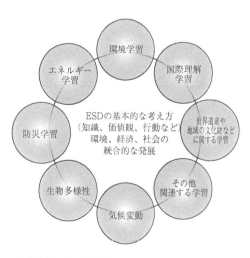

図2.5　ESD の基本的考え方（持続的な発展のための知識、価値観、行動）

⑥リーダーシップの向上

があり、これらは、新たに理科教育で育成したい力とも関連しています。ESD の基本的考え方（持続的な発展のための知識、価値観、行動）を図 2.5 に示します。

この図からも、ESD は環境教育、エネルギー教育、防災教育、気候変動、生物多様性など理科教育の内容と大きく関わっていることがわかります。

2.2.3　SDGs の展開

SDGs（Sustainable Development Goals、持続可能な開発目標、エスディージーズ）とは、持続可能でよりよい世界を目指すための国際目標のことです。2015 年9 月の国連サミットで採択された「持続可能な開発のための 2030 アジェンダ」に記載されたのが始まりです。2030 年までに達成すべき 17 のゴール・169 のターゲットから構成され（図 2.6、表 2.3）、地球上の「誰一人取り残さない（leave no one behind）」ことを誓っています。SDGs は開発途上国のみならず、先進国自身が取り組むべきユニバーサル（普遍的）なものであり、日本も積極的に取り組んでいます。

SDGs は突然に現れたわけではありません。1960 ～ 1970 年代の公害時代を経て、

図 2.6　SDGs における 17 のゴール

「持続可能な開発」という概念は、ブルントラント博士（元ノルウェー首相）が国連の「環境と開発に関する世界委員会」の委員長を務めていた時に、有名なブルントラント報告として1980年代にまとめられました（表2.2参照）。

表2.3 各ゴールの中のターゲット（自然環境、科学技術と関連が深いところを赤色にした）

ゴール	ターゲット
1	貧困の撲滅
2	飢餓撲滅、食料安全保障
3	健康・福祉
4	万人への質の高い教育、生涯学習
5	ジェンダー平等
6	水・衛生の利用可能性
7	エネルギーへのアクセス
8	包摂的で持続可能な経済成長、雇用
9	強靭なインフラ、工業化・イノベーション
10	国内と国家間の不平等の是正
11	持続可能な都市
12	持続可能な消費と生産
13	気候変動への対処
14	海洋と海洋資源の保全・持続可能な利用
15	陸域生態系、森林管理、砂漠化への対処、生物多様性
16	平和で包摂的な社会の促進
17	実施手段の強化と持続可能な開発のためのグローバル・パートナーシップの活性化

これからの理科教育においては、SDGsを無視することができません。むしろ、理科教育の中で、自然環境問題や自然災害への対応を中心とした、SDGs実現のための具体的な教育が求められていると言えます。

SDGsの17のゴールと169のターゲットには、理科や防災と関係する内容が含まれています。まず、教育の重要性として、SDGsゴール4に「全ての人に包摂的かつ公正な質の高い教育を確保し、生涯学習の機会を促進する」とあり、「教育を通して持続可能な開発に必要な知識・技能を得られるようにする」（SDGs4.7）と明言されています。

理科教育、特に防災教育については、第3回国連防災世界会議の成果を取り入

れて、「2020年までに、包含、資源効率、気候変動の緩和と適応、災害に対する強靭性（レジリエンス）を目指す総合的政策及び計画を導入・実施した都市及び人間居住地の件数を大幅に増大させ、仙台防災枠組み2015-2030に沿って、あらゆるレベルでの総合的な災害リスク管理の策定と実施を行う」（SDGs11.b）と明確に位置付けられています。

もう少し自然災害への対応を抜き出してみましょう。

「2030年までに、貧困層及び脆弱な状況にある人々の強靭性（レジリエンス）を構築し、気候変動に関連する極端な気象異常やその他の経済、社会、環境ショックや災害に暴露や脆弱性を軽減する」（SDGs1.5）

「2030年までに、生産性を向上させ、生産量を増やし、生態系を維持し、気候変動や極端な気象現象、干ばつ、洪水及びその他の災害に対する適応能力を向上させ、漸進的に土地と土壌の質を改善させるような、持続可能な食糧生産システムを確保し、強靭（レジリエント）な農業を実践する」（SDGs2.4）

「2030年までに、貧困層及び脆弱な立場にある人々の保護に焦点をあてながら、水関連災害などの災害による死者や被災者数を大幅に削減し、世界の国内総生産比で直接的経済損失を大幅に減らす」（SDGs11.5）

「全ての国々において、気候関連災害や自然災害に対する強靭性（レジリエンス）及び適応能力を強化する」（SDGs13.1）

等が示されています。

さらに自然保護に関して、

SDGsゴール14「持続可能な開発のために海洋・海洋資源を保全し、持続可能な形で利用する」

SDGsゴール15「陸域生態系の保護・回復、持続可能な利用の推進、持続可能な森林の経営、砂漠化への対処、ならびに土地の劣化の阻止・回復及び生物多様性の損失を阻止する」

が示されており、それぞれより細かいターゲットが記載されています。植生、生態系などの保全・環境保護の重要性は言うまでもありません。しかし、まず、理科教育を通じ、そのベースとなる気候・気象、地形・地質・岩石などについて知ることから始まると言って良いでしょう。

2.3　安全教育と理科教育

2.3.1　学校安全と理科教育

　子供たちが巻き込まれる事件、事故・災害は後を絶たず、「子供たちが起こりうる危険を理解し、いかなる状況下でも自らの生命を守り抜く自助とともに、自分自身が社会の中で何ができるのかを考える共助・公助の視点からの教育の充実を図ること」（「学習指導要領等の改善及び必要な方策」2016年中央教育審議会答申）が重要視されています。

　上の答申を受けて、「小学校学習指導要領解説 総則編」では、「防災を含む安全に関する教育」について育成を目指す資質・能力が記載されています。学校安全のねらいを、これまでも述べてきた教科のねらいと連動させて、「安全に関する資質・能力」は以下のようにまとめられました。

　　①様々な自然災害や事件・事故等の危険性、安全で安心な社会づくりの意義を理解し、安全な生活を実現するために必要な知識や技能を身に付けていること（知識・技能）

　　②自らの安全の状況を適切に評価するとともに、必要な情報を収集し、安全な生活を実現するために何が必要かを考え、適切に意思決定し、行動するために必要な力を身に付けていること（思考力・判断力・表現力）

　　③安全に関する様々な課題に関心を持ち、主体的に自他の安全な生活を実現しようとしたり、安全で安心な社会づくりに貢献しようとしたりする態度を身に付けていること（学びに向かう力・人間性）

　学習指導要領は、上記の資質・能力を育成するために、カリキュラム・マネジメントに努めることを求めています。学校教育の中で「安全」が取り扱われるのは、子供たちの命を守るためです。そのためには子供自身が、なぜそのように対応しなくてはならないのかを科学的に理解できる力の育成が不可欠です。

　例えば、学校で実施される避難訓練などの方法を理解して、行動に生かす必要があります。訓練などと異なる状況でマニュアル通りの対応をするとかえって危険なこともあります（避難訓練で用いている経路は場合によっては避けなければなりません）。また、火災の発生に関連する燃焼の条件を理解することで、酸素

の供給をなくす（ものを被せる）、温度を下げる（水をかける）といった消火方法に対する科学的な理解と行動が可能になります。

交通安全についても、車の運動に対する科学的な知識・技能に基づいた思考力・判断力は不可欠です。

2.3.2　防災教育の基本としての理科教育

事件、事故・災害から子供たちの命を守り、ケガなどを減らすことは学校の最優先課題です。学校安全は、生活安全、交通安全、災害安全（防災と同義）から構成されますが、理科教育では災害安全との関わりが最も強いと言えます。自然災害の取り扱いは、自然界の不思議さ、神秘、さらには地球環境の中での自然の二面性を実感する機会でもあります。

防災、減災を目的とした安全教育と理科教育との連動には重要な意義がありますが、同時に難しさもあります。なぜなら、総合的な学習の時間やカリキュラム・マネジメントのところで述べた教科の横断性に加え、学校の中で実践的な防災教育に取り組む場合でも、教育システムなどの整理が十分になされているとは言いがたい面があるためです。

教育行政の組織として、「災害安全」（防災）を含む「学校安全」を担当している国の部局は現在、文科省の総合政策教育局男女共同参画共生社会学習・安全課です。同局・同課は2018年10月に設置されました。この課はその前には初等中等教育局健康教育食育課に属しており、さらにその前にはスポーツ青少年局に属していました。

同課は、各教科の教育課程を担当する初等中等教育の課とはその趣旨から性格が異なります（両課の兼務担当者もいます）。都道府県などの自治体の教育行政も同様であり、教育現場の教育課程等を担当する課と、健康教育や保健体育に関する課とでは指示・連絡系統が別になるのが一般的です。そのため、各学校・教員が理科教育と災害安全を、地域や児童等に応じて総合的に取り扱う必要があります。

余談ですが、教育委員会の担当課は、事件、事故・災害が発生するたびに文科省から調査や通知が来て、それを各学校に連絡するのですから県市町の指導主事、校長・教頭の業務は増える一方となります。

●防災教育と理科教育の連動の必要性

　これまで述べてきたように安全教育・防災教育で育成する資質・能力は理科教育と無関係ではありません。最近の自然災害から少し例を挙げてみましょう。

　2018年6月に大阪府北部で発生した地震では、教員が教室を不在にしている状況での課題が新たに浮かび上がりました。午前7時56分に地震が発生し、登校直後の子供しかいない教室の中で、子供たちは自分の判断で行動しなくてはなりませんでした。児童が校庭への避難途中に走って転んでケガをしたという報告もされています。2016年の鳥取県中部地域の地震でも、校庭へ避難中に転倒し指を剥離骨折した児童や、机の下に慌てて潜り込んで目の上を負傷した児童もいました。いずれも男児でしたが、「おかしも」の徹底とともに、何のために避難するのかを児童自身が考える必要がある事例と言えるでしょう。自然災害においても、科学的な見方と考え方が学校安全に生かされることを期待したく思います。

●被災地での防災教育の取り組み

　理科と連動した防災教育に熱心に取り組んでいるのは、やはり大きな自然災害を経験した地域の学校でしょう。例えば、福島県など東日本大震災で甚大な被害を受けた地域の学校では、防災教育・放射線教育を全面的にカリキュラム・マネジメントの観点から取り扱った実践も見られます。

　また、被災地でもあり長期間避難所となった仙台市の小学校では、文科省研究開発学校の指定を受けて「防災安全科」を設置し、教科を超えた枠組みの中で授業展開を行いました。現在も「総合的な学習の時間」をはじめとする様々な教科等で防災教育の実践を続けています。阪神淡路大震災で大きな被害を受けた兵庫県でも教訓を生かした実践が行われています。しかし国全体で見ると、このような取り組みは必ずしも多いとは言えません。

2.3.3　放射線教育の課題

　東日本大震災では福島第一原子力発電所事故（以後1F事故と略記）が起き、今でも復旧途中の課題となっています。1F事故の後、放射線がうつるといった誤った理解から、福島県から他の地域に移動した子供がいじめを受けたこともありました。そこで福島県教育委員会では、放射線に対する科学的な理解を身に付けさ

せるために、震災発生後、早くから放射線教育を実施しました。その成果もあり、福島県の子供たちは放射線の正しい知識を身に付けていると期待できます。しかし、福島県以外の地域の子供たちが知識を持っているかは不明です。

1F事故後の状況を踏まえ、国（文科省）は副読本を作成し、全国の学校に配布しました。2011年から2018年まで2度改訂されています（2021年3月時点）。初版は放射線に関する内容が重点的に記述され、1F事故には触れていませんでした。1度目の改訂では2部構成となり、最初に1F事故を解説するようになりました。さらに2度目の改訂では、いじめの問題や復興の状況も取り上げました。

ただ、自治体によってはこれらの副読本を疑問視し、議会の反発もあって回収した地域もあります。そこでは以下のようなことが指摘されました。

「放射線はどこにでもある、と原子力発電所から漏出した放射線と自然界の放射線が同じように書かれている。福島第一原子力発電所事故からの復興が進んでいる点を強調し、今なお帰宅困難者のいる現状など、福島県の方々に寄り添った書き方ではない。小学生にとって内容は高度であり、理解させるのは困難である」

これらの点については、今後、放射線教育を進めていく上で考慮する必要があるでしょう。つまり、放射線は自然にはどのように存在し、何が危険なのか、逆に人間がいかに活用しているのかなどを、小学生でもわかるように説明することが求められます。また、復興が進んでいる地域とそうでない地域に配慮した記述を行い、さらに、廃炉に関しては現在の科学では短期間の解決に限界があることも明らかにすべきです。放射線を正しく理解して必要以上に怖がらないこと、偏見や差別を持たないようにすることは、日本全体の問題として避けて通ることはできません。

放射線の「理科」での取り扱いは中学校の学習指導要領に示されていますが、小学校でどのように教えていくのかの課題は継続しています。そもそも教師自身が放射線の知識をどのように習得するのかという問題も存在します。これらを克服する一つの方法は、学校安全との有機的な連動を図ることと言えるでしょう。

小学生のための
放射線副読本
〜放射線について学ぼう〜

平成30年9月
文部科学省

2.3.4　理科における実験・観察時の安全注意

　これまで学校安全や安全教育をテーマとして説明してきましたが、ここでは、理科授業そのものにおける安全について見ていきましょう。

●理科室での安全配慮

　残念ながら、実験の最中にケガややけどをする児童はいます。卒業後に訴訟となった事例もあります。各実験ごとに留意すべきことは異なりますし、多くの事項がありますので、ここでは詳しく取り上げることはできません。新たな実験を行う場合、教員側は操作方法に注意が行きがちですが、必ず危険性に留意しましょう。

　実験を行う場合、存在する危険性を教員が理解するだけでなく、児童生徒に周知徹底しておく必要があります。また、机間巡視では、安全に操作をしているかを指導することが求められます。理科の授業中に限らず、学校での事故の多くは児童生徒がふざけていた時に起こります。授業時間内に発生する事故については、管理職や養護教諭だけでなく、全教員が共通して理解しておくことが必要です。

　また、理科室では、机や棚に何が収められているかを明確にしておく必要があります。これはスムーズな実験・観察のためだけでなく、安全性の観点からも重要です。特に薬品や火気を伴う器具などの適切な保管の重要性は、改めて述べるまでもありません。場合によっては、児童生徒が入れない準備室に保管・保存しておくことも求められます。この際、薬品などは定期的に量を確認しておく必要もあるでしょう。

　さらに、薬品や火気を使用する際には実験室の机には必要なものだけしか置かないことなど、細やかな指示も必要です。学校によっては注意事項を理科室に掲示して、常に子供たちに意識させる試みもあります。

　理科の実験・観察を行う時には、単に危険性についての注意や指導をするだけでなく、なぜそれが危ないのか、何のためにこのような行動をとらなければならないのかを考えさせる必要があります。それによって応用的な姿勢や危険を避ける態度をとることが期待できます。

●野外観察での注意事項

　野外での活動は子供たちにとって貴重な学びの機会になります。しかし、野外観察は理科室以上に危険が伴うことを、引率の教員は意識しておかねばなりません。特に山道を歩く場合、がけ沿いではがけ崩れや落石、道路では雨上がりで滑りやすくなっているなど、児童自らが注意しておく必要があります。

　野生生物にも配慮が必要です。ハチやアブ、マムシや蛇への留意は不可欠です。殺虫剤が多量に撒かれていて危険な場所もあります。犬や猫もペット気分で触ったり、かまったりしないように指導しておいたほうが良いでしょう。植物についても、棘_{とげ}やウルシによるかぶれといったことを気に留めておかねばなりません。

　天候に対する留意も不可欠です。雷があった場合はどのように避難するのか、急な大雨では、川沿いの地域では、など事前にあらゆる観点から検討しておく必要があります。

　また、海岸付近で地震が発生した場合、津波に備えてどのように避難するのかを意識しておくことが重要です。かつて日本海中部地震が発生した時、遠足で訪れ、海岸で遊んでいた子供たちが津波で犠牲になるという痛ましい事故もありました。

　理科の野外観察の時間に限らず、子供は屋外で遊ぶ時間が多いのが普通です。特に学校外では、近くに教員がおらず、登下校中は子供だけの時もあります。その時に危険を予測して、危険な行動をとらないような日常の指導や支援が必要なのです。

2.4　情報化時代の教育コミュニケーション

2.4.1　社会の進展と学校への影響

　近年、情報通信のグローバル化に伴って、急速な国際化が起こり、日常生活においてその影響も見られます。「グローバル・コミュニケーションの拡大と市民生活へ与える大きな影響」と言えるでしょう。日本だけでなく世界全体で、コンピュータと情報通信ネットワークによる高度情報化に、どう対応していくかが課題となっています。

　2016 年（平成 28 年）の中央教育審議会（中教審）答申においても、「将来の予測が難しい社会においては、情報や情報技術を受け身で捉えるのではなく、手段として活用していく力が求められる。未来を拓いていく子供たちには、<u>情報を主体的に捉えながら、何が重要かを主体的に考え</u>、見いだした情報を活用しながら<u>他者と協働し、新たな価値の創造に挑んでいく</u>ことがますます重要になってくる」、「また、情報化が急速に進展し、身の回りのものに情報技術が活用されていたり、日々の情報収集や身近な人との情報のやりとり、生活上必要な手続きなど、日常生活における営みを、情報技術を通じて行ったりすることが当たり前の世の中となってきている。情報技術は今後、私たちの生活にますます身近なものとなっていくと考えられ、<u>情報技術を手段として活用していくことができるようにしていくことも重要である</u>」（下線は筆者）と明記されています。

　ただ、学校は「不易流行」の中でも常に将来を見据えながら、子供たちに接しなくてはなりません。学校は情報社会の進展に遅れがちで、日本の学校の ICT

図2.7
理科授業における様々なICT機器の利用

（Information and Communication Technology、情報通信技術）システムは欧米はもとより、最近ではアジアの他の国々にも後れをとっていると言われることもあります。しかし、自分にとって必要な「情報」を自ら知ること、「情報技術」は手段に過ぎないことを理解して活用できることが重要です。情報活用の教育にも地域差や学校差があるのは事実です。ここでは学校教育への影響を考えながら、これからの理科教育での情報の取り扱いについて考えていきましょう。

2.4.2　情報社会と理科教育のコミュニケーションの共通性

　情報教育の目標の観点、「情報活用の実践力」、「情報の科学的な理解」、「情報社会に参画する態度」は決して新しいものではなく、「情報化の進展に対応した初等中等教育における情報教育の推進等に関する調査研究協力者会議」（1997年（平成9年））にまで遡ります。「総合的な学習の時間」の中でも、情報化社会への対応の必要性とその具体化について触れられています。

　まず、情報教育の3つのねらいを上の協力者会議答申から見ていきましょう。

　①（情報活用の実践力）課題や目的に応じて情報手段を適切に活用することを含めて、必要な情報を主体的に収集・判断・表現・処理・創造し、受け手の状況などを踏まえて発信・伝達できる能力

　②（情報の科学的な理解）情報活用の基礎となる情報手段の特性の理解と、情報を適切に扱い、自らの情報活用を評価・改善するための基礎的な理論や方法の理解

　③（情報社会に参画する態度）社会生活の中で情報や情報技術が果たしている役割や及ぼしている影響を理解し、情報モラルの必要性や情報に対する責任について考え、望ましい情報社会の創造に参画しようとする態度

　情報教育に関して、高等学校には教科「情報」が設置されましたが、小学校段階では「総合的な学習の時間」に委ねられていました。情報教育の観点から子供たちにとって取り組みやすい内容は理科に多く見られます。実際、後述のSTEM教育など、理科を中心とした取り組みが期待されています。ただ、その前に学校教育の中で情報教育を考えるにあたって基本的なことを説明しておきます。

●コミュニケーションの重要性と情報通信ネットワークの活用

　コンピュータを用いて授業を行う場合でも、目的・ねらいとして「伝えること」が設計できるようになることが求められます。

　コンピュータや情報通信ネットワークを活用して、子供たちが適切な情報を収集し、処理し、そして発信を行うことができるように指導します。もちろん、これには教員自身がこれらの知識と経験を養っておくことが望まれます。特に、情報通信ネットワークを授業などで活用する際に重要なのは、相手を意識して伝え方を工夫することです。そのためには、伝えられる側の立場に立った計画を立てる必要があります。つまり、情報通信ネットワークが発達しても、それに伴うコミュニケーションの基本は理科の授業においても変わりません。

　「伝えること」をどのように捉えていけば、効果的なコミュニケーションが可能かを考えていくことが大切です。提示方法の工夫として、目的、状況、伝達内容などの要素を考慮しなくてはなりません。これには、ソフトウェアを効果的に活用すること、フィードバックを設計しておくこと、コミュニケーションメディアの特性を比較しておき、最も適切なものを使用すること、が必要となります。

●コミュニケーションとは

　情報機器の有無にかかわらず、授業の設計に基本となるのは次の3つの構成要素です。まず情報の「送り手」、その「受け手」、そして「状況」です。これらは教員、学習者、そして教室などの学習環境に相当します。そして、情報通信と同様に、通常の授業の場合も授業の「目的」をはっきりさせることで、その後のスムーズな授業展開や「効果的」なコミュニケーションにつながります。

　そもそもコミュニケーションとは何でしょう。日本語では、「意思の伝達」、「情報伝達のメカニズム」、「通信すること」などが一般的に使われます。ただ、教育の場でも日常生活でも、コミュニケーションが成立しないこともあります。これは、相手に信号が届かない、届いても解読できないなど、どこかに不具合が生じていることが原因です。インターネットの通信ではハード面の問題以外にも、言葉は通じても意味が通じない、具体的には、教員の言いたいことが子供たちに通じなかったり、間違ったメッセージとして届いたりする場合があります。教員としては子供を励ます意図で送ったメッセージなのに、子供はそのように受けとら

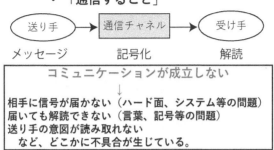

図2.8　コミュニケーションの構造

なかったというのもよくある話です。そのためにフィードバックが必要なのです。

　では、先生が子供たちに発信するコミュニケーションの目的は何でしょう。これには様々な場合があり、「知らせる」、「説得する」、「楽しませる」、「警告する」、「説明する」、「感銘を与える」、「権威を示す」などが思い浮かぶかもしれません。ただ、子供たちにとっては、「伝える」、「伝わった」ことよりもコミュニケーションをとること自体が目的となっていることが珍しくありません。通学途中に同級生と話をしたり、場合によっては授業中に私語をしたりすることもあります。でも、それは今しなくてはならない内容でしょうか。沈黙が嫌だから何か話している、無視できないから返信している、ということもあるでしょう。つまりコミュニケーション自体が目的となってしまっているのです。

●非言語（ノンバーバル）コミュニケーションの重要性

　理科に限らず、教員が子供たちに何か伝えたい時、例えば自分の感情を表す時、必ずしもその言葉の意味だけが重要であるとは言えません。教育実習や研究授業等でベテランの教員が子供に語り掛ける時は、言葉の音調、音質、音量、速度などに変化を持たせていることに気付くでしょう。

　また、言葉の使い方以上にコミュニケーションとして機能する事柄があります。それは、机間巡視などにおける対人間距離、握手、身振り、アイコンタクト、容姿、

装飾品などです。ただ、インターネット上でのコミュニケーションではこれらが使えないこともあります。同じ言葉でも、直接会って言われるのと、情報機器（例えばメールやSNS）で伝えられるのでは受け止め方が違ってきます。情報機器による文章は厳しく伝わることもあります。そのため、スムーズなコミュニケーションのためには、従来の手紙のような丁寧さを持った文章表現も重要になってきます。

●著作権の意識

近年、インターネットに関連して子供たちが被害に巻き込まれる実態もあり、インターネットの怖さを各学校・教員が子供たちに周知するようになってきています。

一方で、教員も意識しなくてはならないことが多々あります。

例えば、著作権問題です。これまでも、副読本・参考書の無断複製は禁じられていましたが、紙媒体であった時は問題はあまり表面化しませんでした。当然、それらをインターネット上に無断公開した場合も違法行為となります。

また、教材作成用のフリーソフトも、作成者は著作権までは放棄していないのが一般的ですので、授業で使用したりネットで公開したりする場合にはクレジット表記や許可などが必要となる場合もあります。

いずれにしても、その著作物の著作権に関する情報をよく読みましょう。

2.4.3　理科教育における「データ」と「情報」との違い

「データ」と「情報」を同じように捉えている人もいますが、これは全く異なります。「データ」とは情報の基になる事実のことです。そして、複数の「データ」を目的に合わせて役立つように加工し、意味づけしたものが「情報」となります。理科の授業では実験・観察は不可欠ですが、この結果はデータに過ぎません。集めたデータから何がわかったのかを示すことで情報となります。逆に「情報」という新たな知見を得るために、どのような「データ」を収集すべきかを考えることも大切です。

このことは、理科の実験・観察や卒業論文などの研究だけでなく、日常生活でも活用されています。例えば、台風の進路予測や天気予報などは、気温、気圧、

風向などのデータから情報がつくられます。

　ただし、各データが正確であっても情報が100%正しいとは限りません。その理由としては、データの不足や条件の変更、さらにはデータ分析手法の間違いなどがあります。これらを含めて、後の考察・結論と展開されていきます。

　図2.9にデータから情報への流れを示します。

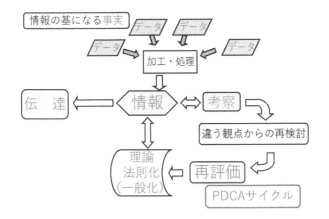

図2.9　データから情報へ

2.5　ICT教育からSTEM、STEAM教育

　前節で述べたように、高度情報通信化社会は学校や教育界に急激な影響を与えています。情報機器の発達が教育に与える変化のスピードは人類史的にも年々著しくなっており、この本の内容も数年たつと時代遅れになっていることすら考えられます。また、2020年の新型コロナウィルス感染症によって、小学校でもオンライン授業を行う可能性を無視できなくなってきました。国からも「教育の情報化に関する手引」が発表されるなど、GIGAスクールを一層早く進める方向になっています。GIGAとはGlobal and Innovation Gateway for All、訳すと「全ての人にグローバルで革新的な入口を」という意味で、「誰一人取り残すことのなく、公正に個別最適化された創造性を育む教育」のことです。2019年12月に文部科学省

教育内容の伝達手段

第1段階	:	言葉の利用
第2段階	:	文字の利用
第3段階	:	印刷機の利用
第4段階	:	マスメディアの利用
第5段階	:	コンピュータの利用

が打ち出しました。

図2.10　教育における伝達手段の変化

2.5.1　新学習指導要領における ICT 活用への期待

　2017年（平成29年）の新学習指導要領では、「情報活用能力」を学習の基盤となる資質・能力と初めて位置付け、教科等横断的にその育成を図ることとされました。確かにこれからの時代、ICT 活用などを通して、教育の情報化に関わる内容の充実が不可欠です。しかし、ICT 環境を整え、適切に活用した学習活動の充実を図るためには、予算措置や人材育成など課題は多々あります。

　国（文科省）としても各教科等の指導における ICT 活用の基本的な考え方として、「新学習指導要領に基づき、資質・能力の3つの柱をバランスよく育成するため、子供や学校等の実態に応じ、各教科等の特質や学習過程を踏まえて、教材・教具や学習ツールの一つとして ICT を積極的に活用し、主体的・対話的で深い学びの実現に向けた授業改善につなげることが重要」(2020年9月)としています。また、留意点として、「資質・能力の育成により効果的な場合に、ICT を活用する」、「限られた学習時間を効率的に運用する観点からも、ICT を活用する」の二つを挙げています。

2.5.2　コンピュータの活用とプログラミング教育

　諸外国では、日本より早くに、初等教育の段階からプログラミング教育を導入する動きがありました。日本（文科省）も国際的な動向に応じ、2016年4月に「小学校でのプログラミング授業の必修化を検討する」と発表しました。2017年（平

成29年）の学習指導要領では、プログラミング教育を充実することとし、2020年度から小学校でプログラミング教育が始まりました。前年の中教審答申ではその意図として、『身近なものにコンピュータが内蔵され、プログラミングの働きにより生活の便利さや豊かさがもたらされていることについて理解し、そうしたプログラミングを、自分の意図した活動に活用していけるようにすることもますます重要になっている。将来どのような職業に就くとしても、時代を超えて普遍的に求められる<u>「プログラミング的思考」</u>などを育むプログラミング教育の実施を、子供たちの生活や教科等の学習と関連付けつつ、発達の段階に応じて位置付けていくことが求められる。その際、小・中・高等学校を見通した学びの過程の中で、<u>「主体的・対話的で深い学び」</u>の実現に資するプログラミング教育とすることが重要である』と明記されています（下線は筆者）。

　なお、上の「プログラミング的思考」とは、「自分が意図する一連の活動を実現するために、どのような動きの組み合わせが必要であり、一つ一つの動きに対応した記号を、どのように組み合わせたらいいのか、記号の組み合わせをどのように改善していけば、より意図した活動に近づくのか、といったことを論理的に考えていく力」（有識者会議「議論の取りまとめ」）と説明されています。

　コンピュータを適切に、そして効果的に活用するためにはそのシステムを知ることが重要です。コンピュータは人の操作「プログラム」で動き、これを与える「プログラミング」によって作業をします。コンピュータを理解し活用していく力を身に付けることはこれからの社会を生きていく上で重要なことです。理科教育の中でどのように取り入れていくかは現在模索中です。

2.5.3　プログラミング教育のねらい

　中教審答申を受け、これを整理して、「小学校学習指導要領解説 総則編」では、小学校のプログラミング教育のねらいとして、

　①「プログラミング的思考」を育むこと

　②プログラムの働きやよさ、情報社会がコンピュータなどの情報技術によって支えられていることなどに気付くことができるようにするとともに、コンピュータ等を上手に活用して身近な問題を解決したり、よりよい社会を築いたりしようとする態度を育むこと

③各教科等での学びをより確実なものとすること

の3つが挙げられています。

　プログラミングに取り組むことによって、児童がプログラミング言語を覚えたり、プログラミングの技能を習得したりする可能性はありますが、それ自体をねらいとしているのではないことがわかります。

　プログラミング教育で育む資質・能力について、各教科等で育む資質・能力と同様に、資質・能力の「3つの柱」（「知識及び技能」、「思考力、判断力、表現力等」、「学びに向かう力、人間性等」）に沿って、次のように整理し、発達の段階に即して育成するとしています。

【知識及び技能】

　身近な生活でコンピュータが活用されていることや、問題の解決には必要な手順があることに気付くこと。

【思考力、判断力、表現力等】

　発達の段階に即して、「プログラミング的思考」（自分が意図する一連の活動を実現するために、どのような動きの組み合わせが必要であり、一つ一つの動きに対応した記号を、どのように組み合わせたらいいのか、記号の組み合わせをどのように改善していけば、より意図した活動に近づくのか、といったことを論理的に考えていく力）を育成すること。

【学びに向かう力、人間性等】

　発達の段階に即して、コンピュータの働きを、よりよい人生や社会づくりに生かそうとする態度を涵養すること。

　詳しくは第5章で、（理科 第6学年）の所で紹介します。この単元では、学習指導要領のねらいに沿って、プログラミングを通して身の回りには電気の性質や働きを利用した道具があることに気付くとともに、電気の量と働きとの関係、発電や蓄電、電気の変換について、より妥当な考えをつくり出し、表現できるようにします。ここでプログラミングを通して学ぶことは、身近な電気の性質や働きを利用した道具について、その働きを目的に合わせて制御し、電気を効率よく利用する工夫がなされていると気付くことです。

　小学校段階における論理的思考力や創造性、問題解決能力等の育成とプログラミング教育に関する有識者会議「議論の取りまとめ」(2016年(平成28年)6月16日)から、一部抜粋してみます。

　○子供たちが、情報技術を効果的に活用しながら、論理的・創造的に思考し課題を発見・解決していくためには、コンピュータの働きを理解しながら、それが自らの問題解決にどのように活用できるかをイメージし、意図する処理がどのようにすればコンピュータに伝えられるか、さらに、コンピュータを介してどのように現実世界に働きかけることができるのかを考えることが重要になる。

　○そのためには、自分が意図する一連の活動を実現するために、どのような動きの組み合わせが必要であり、一つ一つの動きに対応した記号を、どのように組み合わせたらいいのか、記号の組み合わせをどのように改善していけば、より意図した活動に近づくのか、といったことを論理的に考えていく力が必要になる。

　○こうした「プログラミング的思考」は、急速な技術革新の中でプログラミングや情報技術の在り方がどのように変化していっても、普遍的に求められる力であると考えられる。また、特定のコーディングを学ぶことではなく、「プログラミング的思考」を身に付けることは、情報技術が人間の生活にますます身近なものとなる中で、それらのサービスを使いこなし、よりよい人生や社会づくりに生かしていくために必要である。言い換えれば、「プログラミング的思考」は、プログラミングに携わる職業を目指す子供たちだけではなく、どのような進路を選択しどのような職業に就くとしても、これからの時代において共通に求められる力であると言える。

　○プログラミング教育とは、子供たちに、コンピュータに意図した処理を行うよう指示することができるということを体験させながら、発達の段階に即して、資質・能力を育成するものであると考えられる。

2.5.4　STEM 教育

　STEM 教育(Science-Technology-Engineering-Mathematics)は 2000 年代にアメリカで始まった教育モデルです。高等教育から初等教育までの広い段階に関して、科学技術開発の競争力向上という観点から、教育政策や学校カリキュラムまで検

討されています。

　アメリカではオバマ大統領の就任後に STEM 教育が本格化しました。年間数十億ドル（数千億円）という予算が投入され、STEM 教育を中心に科学技術に優れた人材をより多く育成しようという国家的な戦略が進められ始めました。STEM 教育を受けた子供たちが将来社会に出て様々な場面で活躍することは、アメリカの国際競争力を維持することにつながると考えられたからです。

　日本における STEM 教育の具体的な取り組みとしては、子供の頃からのパソコンやタブレットの使用、ロボットの組み立て、さらには先述のプログラミング教育の導入などがあります。現在では、IT や先端技術に触れることが可能な環境や施設が準備されるようになってきました。いわば、国際競争力を持った人材を育成するという、日本の今後を見据えた教育システムと言って良いでしょう。もちろん、高い「自然科学」の知識や「IT 技術」に優れた研究者・技術者の育成だけが目的ではありません。STEM 教育の実践には「主体的・対話的で深い学び」の具体的な取り組みが期待されています。

　STEM 教育には、様々な応用があり、その代表的なものを紹介しておきます。

　①STEAM：テクノロジーとともに、クリエイティビティを発揮する必要性から、STEM に A（Art（芸術）、もしくは Arts（リベラルアーツ、教養））を加えた STEAM 教育を提唱するスクールも増えてきています。

　②STREAM：STEAM 教育に、R（Robotics、ロボット技術）を足した言葉です。これからの時代にはロボットを設計したり、使いこなしたりするスキルも必要という考えから提唱されています。

　③e-STEM 教育：environmental STEM の略称で、STEM 教育に環境教育を加えたものです。環境教育の重要性は ESD、SDGs など、国際的に注目されています。気候変動や頻発する自然災害などの自然環境への対応、公害やエネルギー問題などの課題、内なる環境としての人間関係や生きがいなどの問題、近年、急速に進む IT 社会におけるネット環境などには、ローカルからグローバル、つまりグローカルな視点が必要になってきます。技術の向上だけでなく、環境に配慮したよりよい社会をつくれる人材の育成を目的としています。

第3章　広い視点から理科教育を捉える

 3.1　実験・観察・調査の面白さの実感

3.1.1　理科教育と実験・観察

●実験の重要性と難しさ

　理科の教科としての大きな特色は実験・観察を伴うことです。学習指導要領が改訂されても、必ず実験・観察の重要性は強調されています。教科書会社も実験の記載が少なくては検定が通らないとプレッシャーを感じることがあるそうです。現実的には教科書に載っている実験を全て実施するのは大変で、毎時間、実験を取り入れた授業を展開するのは時間的に厳しいでしょう。しかし、必要に応じて取り組まないわけにはいきません。また、授業の組み立ても理科の本質から言えば、実験を補助的に行うのでなく、実験を中心として補助的に教科書を用いて説明を行う方法もあるでしょう。

　教員になっても実験や観察を苦手に感じている人が少なくはありません。実験には慣れが大切ですので、繰り返して行うことが必要です。また、実験そのものよりも事前の準備、後片付け等に手間取ることも一般的です。さらに、実験後のレポートの点検によって、子供たちがねらい通り学習を進められたかの確認も求められます。

　学校教育において必要なスキルは教員になってから身に付くものもあります。しかし、学生時代や若い時から身に付けておきたいものもあります。その一つが理科の実験・観察などの指導方法でしょう。

●理科でなぜ実験が必要か

　子供たちに実物を観察させたり体験させたりすることは、知的な興味や関心の育成につながります。子供は日常では見ることのない実験器具に触れるだけでも強い好奇心を持ちます。何よりも実験や観察を通して自分が経験したこと、実際に体を使って取り組んだことは本物の知識となり、その後の学びにも大きく影響します。

　かつて、兵庫教育大学山田卓三名誉教授による「原体験」が注目されました。これは五感を用いて、ものごとを感じること、学ぶことの重要性を示したものです。教室の授業では、板書を用いた説明による視覚と聴覚のみが子供の学びの中心になることがあります。しかし、自然を感じるには、視覚や聴覚以外の五感、「触ってみること」、「匂ってみること」、「味わってみること」も大切です。理科の実験、観察も同じです（ただし、場合によっては、安全のため避けておかなければならないこともあります）。

●目的や見通しを持った実験

　現在の理科の授業では、手順に沿って漠然と実験をしたり、先生から言われたままに行ったりするのではなく、学習者自身が「見通し」を持って行うことが重視されています。つまり、なぜこの実験をする必要があるのか、何がわかってい

図3.1
工夫した器具での実験
（左）
（下）ペットボトルの水準器

て何がわかっていないかを始めに意識させる必要があります（授業中における実験への展開例は第5章で具体的に述べていますので参考にしてください）。

　課題を解決するために、子供たち自身が実験を考えたり、実験器具を工夫したりすることも大切です。例えば、図3.1は土地の傾きを探ろうとした子供の発案による器具を使った実験の様子です。

　また、実験や観察では、第1章で述べたような「比較する」ことや「条件を制御する」ことを発案させることも必要です。図3.2は水田の特色を比較して、そこにいる生物の違いを農薬の有無と光合成の観点から考えさせた観察の場です。

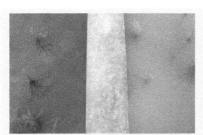

農薬使用の有無がわかる水田（左：有、右：無）

ビニールシートで光合成を妨げ雑草を防ぐ

水が透明（光合成により雑草が生える水田）

水が混濁（雑草が生えない水田）

図3.2　水田の比較

●子供の性格を捉えることができる理科の実験・観察

　実験や観察を行うと、板書の説明を受けているだけの子供とは異なる子供の性格が見えてきます。実技教科においては活動を伴うため、子供の性格を理解しやすいところがあります。体育や図工、音楽では子供の活動場面が多く、講義中心の授業とは異なる態度や姿勢が見られます。日常的に子供たちと接する小学校の教員は、児童の特色を一人ずつ掴んでいるようでも、理科の実験や観察の過程で

また違った一面を発見するものです。例えば、意外な児童が友達と協力して行おうとしたり、根気強く続けようとしたりする姿勢を発見することができます。

●実験レポートの作成と発表の機会は重要

実験・観察を行った後にはレポートの作成を支持します。高学年になるとあまり興味や関心を表情に出さないようでも、実験後の感想文やレポートを見ると強い好奇心や積極的な姿勢を持っていることがわかることもあります。

何よりレポートは学習者にとって振り返りのためにも必要です。子供たちの思考や判断はその表現によって示され、教員側にとっても評価には欠かせません。そのため、実験後のレポート作成の指導が重要となります。加えて、考えたことや書いたことなどをクラスの皆の前で発表する機会を設定することも大切です。子供たちの間で実験結果が異なっていた場合、子供たちに話し合わせて原因を考えさせましょう。

発表によって一層理解が深まったという経験は、皆さんも卒業論文や中間報告などで持っていると思います。子供も同じです。レポート作成や発表のプロセスを通して、自分は何の目的で、何を明らかにしたくて、そのためにどのような方法で実験を行い、結果としてどうなったか、などをまとめて発表することで一層理解が進むことになります。そして、発表した時の充実感が学習への意欲を高め

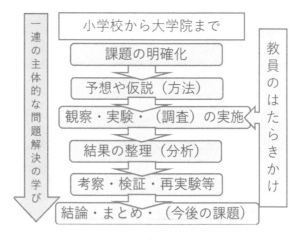

図3.3　課題研究の展開

ることにつながるのです。

　夏休みの宿題に自由研究を課す学校もありますが、教員の中には自由研究の指導が得意でないという人もいます。ただ、自由研究も日常の実験・観察を伴った理科の学習の展開と同じです。その例を図3.3に示します。

●年間計画の中に実験計画を

　1年間の学習計画（授業計画）の中のどこに実験・観察を入れるのか、も理科の学習計画の中では重要です。附属小学校や中学校以降では実験を中心に授業が組み立てられることも見られますが、通常の小学校の場合、専科の理科の教員がいなければなかなか困難なことも事実でしょう。しかし、トライしてみることが大切です。

●理科室の準備と工夫

　理科室の器具の整理・整頓は実験を効率よく進めるためにも不可欠です。小学校の場合、複数の教員で理科室を使うのですから、実験器具や薬品の定位置を決めておく必要があります。安全確保のためにも、整理・整頓、適切な保管は欠かせません。

　理科室の雰囲気づくりも、子供たちの学習意欲を高めるのに効果的です。学校や担当教員によっては、理科室に理科の面白さを喚起するようなポスターや写真を掲示するなど、子供の視点に立った工夫をされています。先生の姿勢が間接的に子供たちに伝わります。

　昨今ではICTに関連した機器も理科室に備わっていますので、それを前面に準備しておくことで子供は好奇心を持ってくれます。

●ミニ博物館、水族館としての理科室

　学校の理科室を訪れた時に興味深く感じるのは、魚の入った水槽や岩石・化石の標本です。教員が採取してきた地域の魚や岩石で構成されているものが多いのですが、備品や消耗品として購入してもそれなりの意味はあります。

　図3.4はその例を示しています。

図3.4　ミニ水族館のある理科室

3.1.2　教材開発の大切さと面白さ

　教材開発には様々な取り組みが求められます。例えば教科書に記載されている実験や観察を子供たちに実践させる場合でも、必ず教員は一度取り組んでおく必要があります。しかし、いつも時間的なゆとりがあるわけではありません。先述のように実験準備とそのためのプリントや教材作成、また、その後のレポートなどのチェックと、これだけでも大変で、まとまった時間がなかなかとれないのも事実です。そこで、夏休みなど集中して時間がとれる時に、同じ学年の先生方と一緒に実験や観察などをやってみると良いでしょう。チームで実験を行うことの楽しさを、まず教員自身が感じることが大切です。

 ## 3.2　博物館・科学館などの活用と理科教育

3.2.1　博物館・科学館の魅力

　博物館の魅力は、やはり本物、実物と出会えることでしょう。また、最近の科学館では、展示だけでなく、実験などの体験教室が行われていることも多くなっています。

　博物館では、様々な観点から自然の事物や現象を取り上げて、それらを有機的に結び付けており、展示そのものがカリキュラム・マネジメントの視点を持ち合わせています。

　小学校段階での博物館活用の意義は、一番最初に出会う刺激的な知的空間であるという点でしょう。一般に、大人よりも子供のほうが非日常的なものから受け

るインパクトは大きいのです。

　博物館の訪問者は小学校の子供たちと高齢者が多いのですが、中学校・高等学校の生徒や若い世代にも訪れてもらいたいと考えます。なぜなら、小学校時代の記憶がよみがえって新たな興味がわくということがあるからです。その意味でも小学校における訪問の機会は大切です（博物館は退屈だったというインプットがされてしまうとその後もその印象を引きずってしまうからです）。

　東京上野の国立科学博物館の入館者満足度調査によりますと、来館の主なきっかけとしては、①以前に来たので、②子供の希望、③学校の授業、が上位を占めています。また、この回答者の年齢層を見ると、15歳から44歳が6割以上を占めています。この調査報告書は、最も回答の多い35歳から44歳には小学生の子供を連れた大人が多く含まれていると、推測しています。

　子供が興味を持てば、家族にも影響を与えるでしょう。家族が子供を色々な博物館に連れていき、社会教育が家庭教育から始まることも期待できます。

　実は博物館や科学館は子供以上に教員にとっての絶好の学びの場ともなります。大人にとっても知的な刺激が集まっている場所です。先ほどの調査では意外と教員は少なかったのですが、教員にとっても自分の専門性を高めるライフワークの実現の場であり、自分自身の趣味の場になりえますので、機会を見付けて訪れてもらいたいと思います。

●天文台、プラネタリウムの魅力

　天文を扱う施設には、天文台や天文博物館のように独立しているところもありますが、科学館にプラネタリウムが設置されている場合も少なくありません。都市部ではその明るさのために星座を見ることは難しいと言えますが、プラネタリウムを体験することで、改めて天体は身近であることがわかります。天文台やプラネタリウムでは、季節ごとに紹介される天体が変わりますので、訪れるたびに新たな知識と興味が教員にも芽生えます。

●歴史系博物館で見る科学史

　歴史にも科学技術が深く関わってきます。普段は理科よりも社会科や歴史に興味を持つような子供でも、何がきっかけで科学に興味を持つかわかりません。歴

図3.5
新潟県十日町博物館での学び

史系の博物館から理科に興味を持つ場合も意外とあるものです。

　例えば、図3.5は新潟県十日町博物館での展示と学習の様子です。子供たちは縄文時代の衣食住を調べ、その結果を博物館の中で発表したりします。もちろん、学校教員の指導だけでなく、博物館の学芸員の方からもコメントや説明を受けます。この博物館では複数の小学校と複数の博物館からなる、博学連携プロジェクトも行われています。そこでは、図3.6のように各学校の代表者がシンポジウムやポスターセッションで発表を行います。

図3.6　博学連携プロジェクトの様子

●防災施設などからの新たな学び

　近年、自然災害への対策が喫緊の課題となっていることもあり、市民向けの防災センターなどの設置や改築が進められています。ここでは体験を通して様々な学びができます。例えば、震度階とはどのようなものか、強い揺れの中で自分をどのように守るかなどを体験したり考えたりする良い機会となります。

　それらの施設には、大きな自然災害が発生した時の状況を理解してもらい、災

図3.7　(左)北淡震災記念公園、(右)長岡震災アーカイブセンター

害を風化させないための取り組みを行っているところも多くあります。図3.7の写真は阪神淡路大震災、中越地震後につくられた施設です。

　また、東日本大震災の福島第一原子力発電所事故により、放射線教育の重要性が指摘され、それへの取り組みが行われているということは先述した通りです。例えば、福島県の放射線教育の施設として、福島県環境創造センター（コミュタン福島）があります。このセンターでは組織的な教員研修や子供たちのパネルディスカッションが開催されています（図3.8）。

図3.8
福島県環境創造センター(コミュタン福島)で
行われた放射線・防災教育フォーラムの様子

●動物園、植物園、水族館の活用

　小学校の遠足で訪れることが多いのが動物園です。ただ、漠然と動物園を訪れ、子供たちの興味関心のままに見学する意味もそれなりに認められますが、あらかじめ教員が見学や観察のポイントを示すことで、より一層関心が深まります。事

前・事後学習で効果を高めることもできます。これは植物園や水族館でも同じことが言えます。また、遠足や校外学習の日程が雨天でも動かせない時は、博物館などを予備として押さえておくことが多いものですが、そのような時にも教員側は事前学習などの準備をしておくことが望ましいと言えるでしょう。

●社会教育施設の一層の活用

博物館では様々な人々とのつながりもできます。学芸員の方が直接説明してくれることもありますし、ボランティアの方が説明されることも増えています。

授業の一環または遠足や修学旅行の行事として、子供たちを引率して博物館を訪れることは今までも多くあったと思います。博物館を見学する場合、団体予約時に、どのような展示が子供たちの人気や関心が高いのか、どのような支援を博物館側にお願いしたいのかなどを、あらかじめ聞いたり相談したりしておくことで、効果的な博物館見学となります。帰校してから再び問い合わせをすることもありますので、訪問した際に博物館の方と名刺交換しておくと、先方は学校や引率教員を覚えておいてくれます。よく、小学校教員には名刺は不要と考える人もいますが、必ずしもそうではありません。知のネットワークを構築するためには名刺を持つことも必要です。

近年では、教員対象の講座や講習会、教育委員会が行う教員研修と連携しての事業も増えてきています。博物館などの社会教育施設は、教員のスキルアップの場としても期待されているからでしょう。

3.2.2　身近な博物館の活用

自治体の博物館では、立地する都道府県や市町村に関する内容と、全国共通の普遍的な内容を展示していることが一般的です。これらの公立博物館では、地域に根差した内容が取り上げられているため、理科や「総合的な学習の時間」における子供たちの調べ学習のテーマに満ちています。

博物館には常設展示と特別展示があり、常設展示も時期によってリニューアルされることもあります。特別展示では最新の話題にちなんだものなどが特別に企画されるため、同じ博物館でも訪問するごとに新たな知見を得ることができます。

コラム　博物館

●日本で子供たちに最も人気のある博物館

　国内には色々な自然系博物館が設置されています。その中で最も人気のある博物館をあえて挙げるとすれば、福井県立恐竜博物館でしょう。福井県は恐竜化石の産地の一つで、この博物館には、日本で初めて全身骨格が復元されたフクイサウルスやフクイラプトルが展示されています。恐竜がいた時代、日本はアジア大陸の中に存在していました。恐竜を中心とした億年単位の地球を感じることができる地質・古生物学博物館です。

図3.9
福井県立恐竜博物館

●地域の特色を生かした博物館

　各地の博物館はその地域性をアピールしています。日本最大の湖、琵琶湖を有する滋賀県の琵琶湖博物館では、湖独自の生態系、人間生活との関わり、環境保全活動など、環境教育の視点を踏まえた展示が行われています。琵琶湖の魚の生活が見える水族展示（水族館）も魅力的です。

図3.10　滋賀県立琵琶湖博物館

3.3 野外活動、自然体験と理科教育

3.3.1 身近な教育活動と地域での野外観察

　野外で自然に触れ、自然から直接学ぶことは、自然に対する畏敬の念を育てる上で大きな意味があります。学校でも野外活動が行われますが、この節では、自然に親しみ、環境保全の精神を養うための、生物や地学などにおける野外活動のポイントを紹介します。小学校の教員全員が生物や地学について詳しいわけではありませんので、戸惑いが生じる場合もあるでしょう。でも、子供と一緒に学ぼう、楽しもうという気持ちが大切です。

●学校周辺の自然環境の利用

　都市部の学校は自然環境に恵まれていないと言われます。しかし、少なくとも学校周辺の公園や寺社には多くの樹木が存在しますし、登下校中にも様々な生態系や植生を見ることができます。そのような学校周辺の自然環境も利用したいものです。

　一方、地学的な観察、特に地質の見学や観察は、年々難しくなってきています。なぜなら、岩石や地層が露出する崖（露頭という）が少なくなっているからです。しかし、山地や海岸、河川、沖積平野など地形を中心に、自然地理的な観察ができるところは多く存在します。また、雲の種類など気象や気候の基礎知識につながる身近な素材も子供の興味・関心を高めることに利用できます。

●遠足・校外学習の機会

　理科において自然体験の活動は大きな意味があります。特に生命（生物）、地球（地学）の領域では顕著です。訪問する場所にはどのような植生が見られるか、また、どのような地形や地質・岩石が見られるか、などを調査することは理科的な巡検（フィールドワーク）になります。例えば、地域でよく見かける地形であっても、教員から説明を受けて初めて気付くことも少なくないでしょう。遠足や校外学習の時に地形図で確認しておくことも重要です。これらの行事の前にしおりやプリントを作成しますが、そこに理科的な見どころを入れておく工夫も考えら

れます。

また、遠足候補地や学校近辺の科学館や博物館を知っておくと、予定されていた遠足・校外学習の雨天時のプログラムとして利用できますし、子供たちに紹介するよい機会になります。

3.3.2　校内での学びの方法

●野外フィールドとしての校庭

校庭での野外観察は古くから行われています。校庭や中庭を少し散策すれば、活用できる教材が多数存在しています。それらのいくつかを紹介していきましょう。

学校には様々な樹木が存在し、名札が付けられていることもよく見られます。学級を初めて持った時、教員がまずすべきことは子供たちの名前を覚えることだと言われています。人間関係を築く最初のコミュニケーションが名前を知ること、覚えることであることは述べるまでもありません。同じことは樹木や植物についても言えます。樹木や植物の名前には謂われがあることが多いので、子供たちが名前から樹木そのものに興味を持つことが期待できます。

桜は多くの学校で見られますが、それ以外の木も植樹されています。例えば、メタセコイアなどの背の高い木です。メタセコイアは既に日本では絶滅していましたが、中国から日本に輸入され、それが国内に広まっています。学校で多く見られるのは、健やかに真っすぐ育つイメージを子供の成長と重ね合わせているからでしょうか。教員自身も、学校の樹木を子供に説明することによって、自宅周辺、公園の樹木にも興味が広がることでしょう。

学生の皆さんは、大学のキャンパスの樹木の名前や特色を調べて身に付けておけば、教員になってから子供たちにそれを伝える機会が訪れるかもしれません。

●ビオトープの活用

ビオトープは環境教育と合わせて、学校内で活用されています。図 3.11 は学校ビオトープの例です。都市部の学校では、環境を考えるための生態系として活用されていますが、自然が豊かな地方の学校でも、ビオトープがつくられていることがあります。地方のビオトープでは、学校での自然環境に興味を持った子供た

図3.11　学校ビオトープ

ちが地域の自然環境や生態系にも興味関心を広げ、「学校の中にビオトープがある」というよりも「ビオトープの中に学校がある」という感覚になってくれます。地域の自然環境と一体感を持ち、自然保護、環境保全への意識を高めていく期待が持てます。そもそも、学校ビオトープは校内の教職員や児童生徒だけでなく、保護者や地域の方々の協力や支援が欠かせないところもあり、開かれた学校づくりとも関わってきます。

　全国学校ビオトープコンクールといったコンクールも生態系協会によって1年おきに東京で開催されています。各地域で学校ビオトープの審査が行われ、ビオトープを持っている学校ならば自由に応募することができます。その中で優れた取り組みが全国大会でのコンクールで発表することができます。

●岩石園の再活用

　かつては岩石園が多くの小学校にあり、各地の岩石を観察することができました。しかし現在では、名前も判然としない岩石が散在して、辛うじて岩石園の名残をとどめているだけの学校もあります。このような場合は、大学教員などの専門家から名前や特色を教えてもらって、再活用することを考えても良いでしょう。

●様々な校内の理科教材

　学校を訪問して理科教材として目にするものに日時計があります。中には補正まででき、かなりの精度を持つものが設置されています。図3.12はその例です。ただ、残念ながら子供たちに気付かれないこともあるので、教員側から見ること

図3.12
学校の日時計

を促すことも必要です。

　また、剥ぎ取り地層標本の活用も見られます。本来ならば、子供たちを野外に引率し、露頭などで地層のでき方を説明できれば理想的ですが、時間的にも予算的にも厳しいことがあります。そこで、逆に野外の露頭（剥ぎ取り地層標本）を教室に持ち込み、それを観察させるという方法も大切です。地層の周辺の写真や、場合によっては剥ぎ取り作業をしている教員の写真などがあれば、一層、子供たちの興味関心が高まることでしょう。

 ## 3.4　世界の理科教育

3.4.1　海外の理科教育を知る楽しさ

　OECD の学習到達度調査や TIMSS などの国際調査で、子供たちの点数が高い国は学校等でどのような取り組みをしているのか、興味深く思います。同じ国でも、学校や教育を取り巻く環境は時代や地域によって異なりますが、他の国や地域の理科教育を知ることは大きな刺激になります。

　海外旅行をする教員や学生も増えていますが、世界の教育制度や学校などに意識を持つと、訪問した国の新たな面が見えることもあります。訪問後にその国の教育を調べるか、教育を調べてから訪問するか、いずれにしても日常の自分の教育に新たな気付きがあったり、考え直したりする機会となることも期待できます。海外の科学館や博物館などの社会教育施設を訪問しても良いでしょう。日本の社会教育や生涯教育との類似点や相違点に気付くかもしれません。

各国の理科教育を探るといっても、教育制度なども異なっており、理科教育に関連することのみを取り上げるとしても、単純に日本と比較できないのも事実です。

　本節では代表的な国の理科教育を見ていきます。

3.4.2　各国の理科教育

●アメリカ

　日本の教育が最も大きな影響を受けてきた国の一つです。日本の学習指導要領のようなものはありませんが、州ごとのスタンダードが用意されています。アメリカでは、州法が教育についても具体的な内容を規定しています。6・3・3制や6・6制以外にも様々な形態をとっていますが、日本と同じく小学校～高校までは12年であることは変わりません。かつては、州のスタンダードに基づいて各市や教育区の教育委員会によってカリキュラムが作成されていたため、多様な展開が見られていました。近年では、全米レベルでの科学教育スタンダードや初等中等教育改正法などを参考にして策定されるため、各州の共通性は高くなっています。教科書の認定は、学校管理のために組織された「学区」の採択委員会が、州のスタンダードと合っているかを確認するレベルで、日本のように使用教科書を国から厳しく検定されることはありません。

　アメリカの教科書を見て驚くのは、内容が充実していて、それが教科書の厚さに反映されていることです。全米各州のスタンダードに応じたものとなっていること、日本での参考書的な機能も備えていることなどが理由と言えるでしょう。

図3.13　カリフォルニア大学バークレー校の野外施設

また、教科書の作成は大学の専門スタッフなどが担当しており、大学にそのような機関を持っているところもあります。

　日本の教育センターや教員研修所のような、教育委員会と連動したシステムは見られませんが、子供が大学の機関から実験・観察などの指導を受けることはできます。例えば、子供たちが学校単位でスクールバスに乗って、カリフォルニア大学バークレー校に実験を中心とした理科授業を受けに来ます。大学ではその授業を担当する専門のスタッフがいます。同校には、ノーベル賞受賞者にちなんだローレンス・ホールと呼ばれる科学実験を中心とした設備や展示があり、また、野外観察などのモデル施設も備っています。

　児童生徒が設備の整った施設を訪れて専門のスタッフから指導を受ける点では、日本でもよく似たシステムが存在します。例えば京都市青少年科学センターでは、市内の小学生が学校の授業の一環として専門スタッフから実験などの指導を受けることができます。また、福島県の「福島県環境創造センター（コミュタン福島）」では、県内の小学生が放射線に関することを多方面から学ぶことが可能になっています。それだけでなく、全県的な教員研修の場としても活用されています。確かに、放射線の授業を展開する自信がない教員もおり、それだけにこのような施設で展開例を学べることは貴重です。

　なお、アメリカでは、日本の学校外の教室、例えば「塾」に相当するものはなく、逆に日本の異質さすら感じられることがあります。

●台湾

　台湾の教育制度は、日本と同様に義務教育が9年間（小学校6年間・中学校3年間）となっています。かつては、教育内容、教育方法、教員養成などの学校教育制度から、教科書の編集にいたるまで、日本をモデルとしてきたと言えるでしょう。近年は、教育課程や教育評価などで独自の取り組みも行われ、日本にとっても参考になる点が多々見られます。

　台湾の小学校でも、教員は基本的には日本と同じように全教科を担当します。ただ、都市に立地する台北市などの小学校では、音楽、図工、理科は専科の教員が特別教室で担当することも珍しくありません。実験・実習など高い専門性が求められる実技系の教科には、このようなシステムも必要でしょう。日本でも、附

属小学校や私立小学校では、高学年を中心に専門の教科担当者が配置されている場合があります。学校によっては、同じ学年の教員同士が教科の交換をして、ある教員が全学年の理科を教え、別の教員が全学年の他の教科を教えるように調整することがあります。例えば、実験はいくら準備や演習をしていても、子供たちが行うと手順が変わったり、時間がかかったりしてしまうため、一人の教員が理科を全て受け持つこの方法は効果的です。年度内に複数回の授業をすることで教員の力量の向上につながります。

　日本では夏休み中に自由研究を課すことが多く、学生科学賞や○○賞などが与えられるコンクールも開かれます。台湾も同様で、小学校の理科室の一角に、児童の受賞作品が展示されていることがあります。最近、日本の学校でも理科室近辺に研究成果物が展示されることが増えてきましたが、多くの児童の興味・関心を高めるためにも効果的な方法と言えるでしょう。

　また、プラネタリウムが備え付けられている小学校も見られます。日本の小学生・中学生は、天体の動きの理解が得意とは言えません。高校入試で天体領域の問題が出題されると平均点が下がるとまで言われます。実は、教員採用試験を受ける大学生にとっても得意な領域ではありません。何月何日何時に見えた星座が何時間後、どこに位置しているか、また、何か月後、どの場所で見えるかを図から読み取る問題は、特に正答率が低くなってしまいます。

　プラネタリウムの良いところは、星座や星の動きを、時間ごと季節ごとに、身近な目標物とともに示してくれる点です。つまり、視覚を通して、天体の動きを経験的に理解することが可能となります。頭の中で空間概念を抽象的に考えるよ

図3.14　台湾の学校の理科室。プラネタリウムがある

りも理解しやすい方法と言えるでしょう。

　図3.14は、理科室に展示されている児童の成果発表と学校に設置されているプラネタリウムです。この小学校は科学教育と情報教育に力を入れています。3Dプリンターを使った実習なども行い、STEM教育を取り入れています。日本以上に、学校全体を学びの場としている小学校も珍しくありません。

　台湾の学習システムは日本に似ている、というより日本の方法を取り入れたところも少なくないことに気付きます。例えば、大都市では多くの塾があり、子供たちは遅くまで勉強していることも似ています。

　台湾や中国の授業風景で驚くのは、児童生徒がノートを取らない、というより学習用のノートがないことです。子供たちは先生の板書を教科書に書き込んでいるのです。そして、先生は教科書の重要なところを読んだり、しるしを付けさせたりします。

●中国

　中国は、小学校6年、初級中学3年、高級中学3年が原則ですが、各地域の実情によって弾力的な運用も認められています。上海市では5・4・3制をとっており、国の教育部が決めた教育課程の基準とは少し異なった課程標準が定められています。中国には日本以上に様々な規模の学校があり、何よりもその子供たちの多さに驚かされます（かつて中国の友人から、中国には世界で最も豊かな学校と世界で最も貧しい学校があると聞かされたことがあります）。図3.15の写真は、国立大学の附属小学校で開催された研究大会の時に行われた教育活動の様子です。

　OECD-PISAでは、国の広さを反映して、日本のように実施校が均質的に抽出

図3.15　中国の国立大学附属小学校での研究大会。児童数が非常に多い

図3.16　上海科学技術館

されているわけではありません。一部の地域のみが参加することが一般的です。上海地域の児童生徒は優秀で、3領域全てにわたって1位になった実績があります。

　上海市は12年一貫の基礎教育を設定しており、理科教育のカリキュラムの特色は「総合→分科→総合」の流れを持っていることです。小学校では「自然」、中学校初期段階では「科学」という総合的な理科、その後は、物理、化学、生命科学の分科的な科目、そして高等学校最終段階では総合科目の「科学」を学ぶことになっています。「地学」に関する内容は理科教育全体で学ぶようになっています。図3.16の写真は上海の科学技術館で、上海が科学教育に力を入れていることがわかります。

●フィンランド

　科学的リテラシーの順位で何度か1位になったフィンランドの教育制度は、日本と同じ6・3・3制です。教育システムは、日本の学習指導要領に相当する国のナショナル・コア・カリキュラムをもとに各地域の自治体や学校によって実施されています。教科書はナショナル・コア・カリキュラムの到達目標を踏まえて作成されていますが、現在では日本のような教科書検定制度はありません。日本の小学校の授業は理科教科書に沿って進められていますが、フィンランドでは、教科書通りに授業をするのでなく、教員による様々な教材が使用されています。実験は重視されており、教科書でも多くの実験が記載されています。

　また、フィンランドでは、「地理」が、「物理」「生物」「化学」とともに「理科」の科目となっています（ヨーロッパではこのような扱いが一般的です）。さらに、この4つの科目に「健康」が加わり、日本の中学校に相当する3年間で学ぶことになっています。

　図3.17の写真は上海日本人学校の様子です。日本の学校から見ると立派な校舎に見えるかもしれませんが、現地の上海市の小学校と比較すると普通レベルの校舎です。

図3.17　上海日本人学校

　日本人学校は、海外に在留する日本人の子供のために、学校教育法が規定する学校における教育に準じた教育を実施することを主な目的として設置された、在外教育施設の一つです。国内の小・中学校、高等学校における教育と同等の教育を行う全日制の教育施設です。日本人学校は、日本国内の学校と同等の教育課程を有する旨の認定を受けており、日本人学校中学部卒業者は、国内の高等学校の入学資格を、高等部卒業者は、国内の大学の入学資格を有します。教育課程は、原則的に国内の学習指導要領に基づき、教科書も国内で使用されているものが用いられています。

　2015年（平成27年）4月時点で、50か国・1地域に89校が設置されており、約2万1千人が学んでいます。文科省は、毎年度国内の国公私立の義務教育諸学校の教師の中から、各都道府県教育委員会などが選考して推薦する教師について選考を行い、適任者を決定し、これらの教師を対象に研修を行った上で2年（1年ごとに最大2年の延長可）の任期で各在外教育施設に派遣しています。派遣される教師は、大変なこともあるかも知れませんが、海外の日本人学校で教える面白さも感じることができるでしょう。

3.5　幼児教育・生活科と理科教育

●日本の理科教育の連続性の問題

　教育は、子供の発達に応じた内容・方法と系統性を持った指導が必要であり、校種間を超えた連携が求められています。例えば、小学校入学前の幼児教育と小学校入学後の教育、小学校・中学校の義務教育と高等学校との連続性、さらに高大接続の重要性が挙げられます。校種間の共通理解は容易ではありませんが、中学校と高等学校の差に比べれば、小学校と中学校の教員の意識差は小さいと言えるでしょう。

　全国学力・学習状況調査などの取り組みから、義務教育段階では考え方のプロセスが重視されることなど、その意図が周知されつつあります。理科の授業の在り方も変わる傾向にあると言えます。それが高等学校の授業、さらには大学入試とどのように接続・継続されるのか、課題はあります。

　本節と次節では、小学校理科教育を考えるために、入学前の幼児教育やそれに続く生活科、そして卒業後の中等教育の理科をめぐる現状から連続性を考えていきましょう。

3.5.1　幼児教育と初等教育の連動

　幼稚園には、小学校のような学習指導要領の代わりに幼稚園教育要領があります。幼稚園教育要領は、幼稚園または認定こども園で実際に教えられる内容とその詳細について、学校教育法施行規則の規定を根拠に定められています。幼稚園教育要領も、小学校学習指導要領と同様に2017年（平成29年）に改訂されました。幼稚園は文部科学省、保育園は厚生労働省、認定こども園は内閣府と、管轄が異なり、従来、各省がそれぞれで教育や保育方針を定めていました。しかし、近年では、幼児教育から義務教育修了段階の中学校卒業まで、一貫した教育を等しく受けられることが図られています。そこで、どの施設に通っても同じ水準の幼児教育、保育環境が保証されるように、幼稚園・保育園・認定こども園の幼児教育基準が統一されました。新幼稚園教育要領でもこの考え方に基づいた教育方針が示されています。新幼稚園教育要領では幼稚園での生活の中で、「知識及び技能

の基礎」、「思考力、判断力、表現力等の基礎」、「学びに向かう力、人間性等」の3つを柱とした力を身につけることが記載されています。つまり、小学校における新学習指導要領で求められる資質・能力の基礎であることが明記されていると言えるでしょう。

　幼稚園の教育活動は、「健康」、「人間関係」、「環境」、「ことば」、「表現」の5つの内容から構成されています。特に「環境」は理科教育とも関わっていますので、少し詳しく記載しておきます。

3.5.2　幼児教育における環境教育の重要性

　「環境」では、「周囲の様々な環境に好奇心や探究心を持って関わり、それらを生活に取り入れていこうとする力を養う」ことが目的とされています。ねらいには、次の3つが掲げられています。

　　①身近な環境に親しみ、自然と触れ合う中で様々な事象に興味や関心を持つ。
　　②身近な環境に自分から関わり、発見を楽しんだり、考えたりし、それを生活に取り入れようとする。
　　③身近な事象を見たり、考えたり、扱ったりする中で、物の性質や数量、文字などに対する感覚を豊かにする。

　そして、項目が11個挙げられていますが、特に理科の基礎ともなるのが以下の項目です。

「自然に触れて生活し、その大きさ、美しさ、不思議さなどに気付く」
「生活の中で、様々な物に触れ、その性質や仕組みに興味や関心を持つ」
「季節により自然や人間の生活に変化のあることに気付く」
「自然などの身近な事象に関心を持ち、取り入れて遊ぶ」
「身近な動植物に親しみを持って接し、生命の尊さに気付き、いたわったり、大切にしたりする」
「身近な物や遊具に興味を持って関わり、考えたり、試したりして工夫して遊ぶ」
「日常生活の中で数量や図形などに関心を持つ」
「生活に関係の深い情報や施設などに興味や関心を持つ」
多くが小学校での理科教育の学びの基礎となることが理解できます。

　さらに、「幼稚園教育要領」によると、取り扱いにあたっては、次の事項に留

意する必要があるとされています。

①幼児が、遊びの中で周囲の環境と関わり、次第に周囲の世界に好奇心を抱き、その意味や操作の仕方に関心を持ち、物事の法則性に気付き、自分なりに考えることができるようになる過程を大切にすること。特に、他の幼児の考えなどに触れ、新しい考えを生み出す喜びや楽しさを味わい、自ら考えようとする気持ちが育つようにすること。

②幼児期において自然の持つ意味は大きく、自然の大きさ、美しさ、不思議さなどに直接触れる体験を通して、幼児の心が安らぎ、豊かな感情、好奇心、思考力、表現力の基礎が培われることを踏まえ、幼児が自然との関わりを深めることができるよう工夫すること。

③身近な事象や動植物に対する感動を伝え合い、共感し合うことなどを通して自分から関わろうとする意欲を育てるとともに、様々な関わり方を通してそれらに対する親しみや畏敬の念、生命を大切にする気持ち、公共心、探究心などが養われるようにすること。

④数量や文字などに関しては、日常生活の中で幼児自身の必要感に基づく体験を大切にし、数量や文字などに関する興味や関心、感覚が養われるようにすること。

つまり、幼児教育段階で理科教育の取り組みの基礎が築かれることが期待されています。また、幼児教育では、原体験がその後の理科教育の基本となると言って良いでしょう。視覚、聴覚、味覚、触覚、嗅覚の働きによって自然を享受することです。これらの体験を積極的に取り入れることによって、小学校に入学後、生活科に続くための学びともなります。

幼児期の自然体験の重要性を認識した取り組みは日本だけではありません。例えば自然の中で幼児教育を行う「森のようちえん」はデンマークで始まりましたが、現在ではドイツにまで広がっています。ここでは、五感を使った森での体験活動が重要な学びとなります。最近では日本でも見られるようになっています。

環境教育はまた、防災教育とも関わっています。防災教育のねらいは、幼稚園段階でも、知識・技能、危険予測・危険を避ける行動、社会貢献・支援者としての基盤を育成することです。社会貢献・支援者の基盤の育成では、先生の話を聞くこと、友達と仲よく遊ぶこと、高齢者の人と話をすることなどが挙げられます。

3.5.3　生活科との連続性

　小学校の教員になった時、最初に担任する学年は、2年生、3年生、4年生が多いようです。2年生であれば、理科を担当することはなく、生活科を担当します。また、3年生であれば、子供が理科を学ぶのは初めてであり、それまでの低学年の学び、特に理科との関係が深い生活科を知っておく必要があるでしょう。そこで、ここでは小学校低学年の生活科を理科との関係から取り上げます。

　まず、生活科とは何かを見ていきましょう。2017年（平成29年）学習指導要領では、生活科のねらいについて、以下のように記載されています。

　「具体的な活動や体験を通して、身近な生活に関わる見方・考え方を生かし、自立し生活を豊かにしていくための資質・能力を次のとおり育成することを目指す」

　　①活動や体験の過程において、自分自身、身近な人々、社会及び自然の特徴やよさ、それらの関わり等に気付くとともに、生活上必要な習慣や技能を身に付けるようにする（知識及び技能の基礎）。

　　②身近な人々、社会及び自然を自分との関わりで捉え、自分自身や自分の生活について考え、表現することができるようにする（思考力、判断力、表現力等の基礎）。

　　③身近な人々、社会及び自然に自ら働きかけ、意欲や自信を持って学んだり生活を豊かにしたりしようとする態度を養う（学びに向かう力、人間性等（主体的に取り組む態度））。

　また、新学習指導要領では、学習内容が〔学校、家庭及び地域の生活に関する内容〕、〔身近な人々、社会及び自然と関わる活動に関する内容〕、〔自分自身の生活や成長に関する内容〕の3つに整理されました。

　学習内容、学習指導の改善・充実として、次のことが挙げられています。

　　・具体的な活動や体験を通じて、どのような「思考力、判断力、表現力等」の育成を目指すのかが具体的になるよう、各内容項目を見直した。

　　・具体的な活動や体験を通して気付いたことを基に考え、気付きを確かなものとしたり、新たな気付きを得たりするようにするため、活動や体験を通して気付いたことなどについて多様に表現し考えたり、「見付ける」、「比べる」、「たとえる」、「試す」、「見通す」、「工夫する」などの多様な学習活動を行った

りする活動を重視することとした。

・動物の飼育や植物の栽培などの活動は2学年間にわたって取り扱い、引き続き重視することとした。

・各教科等との関連を積極的に図り、低学年教育全体の充実を図り、中学年以降の教育に円滑に移行することを明示した。特に、幼児期における遊びを通した総合的な学びから、各教科等における、より自覚的な学びに円滑に移行できるよう、入学当初において、生活科を中心とした合科的・関連的な指導などの工夫（スタートカリキュラム）を行うことを明示した。

ただ、前回の学習指導要領の改訂時に指摘された事柄も引き続き重視する必要はあるでしょう。

「①気付きの明確化と気付きの質を高める学習活動の充実」では、実験や観察などによる活動や体験によって生まれる気付きが理科にも重要です。

「②伝え合い交流する活動の充実」としては従来から、コミュニケーション活動の大切さが指摘されていましたが、観察・実験を伴う理科でのグループ学習時に意識される必要があります。

「③自然の不思議さや面白さを実感する指導の充実」は、科学的な見方・考え方の基礎ともなります。

「④安全教育や生命に関する教育の充実」はこれまでも繰り返して述べてきたように、今日の喫緊の課題と言って良いでしょう。

「⑤幼児教育及び他教科との接続」についても、既に理解されてきたと思いますが、今回の新学習指導要領では、第3学年以降の社会科、理科だけでなく、他の教科との接続も意図されています。

3.6 初等教育と中等教育の連続性

　国際比較調査、国内の学力・学習状況調査から、日本の小学生は、理科は好き
で得意であり、国語や算数などの他の授業と比べても理解しやすいと思っている、
という結果が示されています。ところが中学校に入ると、理科は 3 教科どころか、
全教科の中でも得意でない教科になってしまっています。1980 年代後半から、「理
科離れ・理科嫌い」が言われるようになってきました。特に 1995 年 TIMSS 以降
の結果、およびその後の OECD の学習到達度調査、さらには国内での学力・学習
状況調査でも同じような傾向を示しています。昨今では、この問題すら取り上げ
られなくなっています。

　日本の将来に向けた科学技術人材育成の必要性を考えると、中等教育以降、問
題はより切実になっていると考えられるでしょう。これは小学校の理科教育と無
関係とは言えません。ここでは、小学校卒業後の理科教育の現状を考えてみたい
と思います。

●なぜ、中学生は理科嫌いになるのか

　小学校と違い、中学校以降では教員免許も「理科」となり、理科に関して専門
の教員が授業を担当します。そのため、教える側は専門性の意識が高かったり、
子供の頃から理科が得意であったりしたため、授業が難しくなる、理科が得意で
ない子供の能力や気持ちを無視して授業を進めているとさえ言われることがあり
ます。

　しかし、子供の発達の段階を無視するわけにはいきません。子供には様々な能
力の発達する適切な時期があります。例えば、関連性のない断片的な事柄を記憶
する能力は 10 歳までが最も高く伸びると言われています。以降は、その能力は
落ちても理由を結び付けることによって 20 歳までは記憶に関する能力も伸び続
けていると考えられています。

　小学校の頃は、昆虫や植物など自然界に存在するものは、教員の導きで何にで
も興味を持ちやすく、教員が用意したものにも関心を持ってくれます。しかし、
思春期を過ぎた頃から自我に目覚め、自然の事物・現象よりも、異性や友人など

に対する人間関係に強い意識を持ちます。

　また、思春期になると、社会や教員だけでなく、理科に対しても「これを学んで将来何の役に立つのか」という疑問を持つようになり、それをわざわざ口に出すなど、反抗期特有の態度を示します。逆に、思春期になっても、植物や昆虫・岩石などに目を輝かせて取り組んでいると、クラスメートからは変わった人間と見られてしまうこともあるでしょう。近年では、思春期が小学校高学年へと早まりつつあると考えられていますので、理科についても注意が必要です。

　いずれにしても、子供が自然の事物や現象に興味を持たなくなるのは、発達の段階から考えると正常なところもあります。

●小学校理科からの連続性

　理科嫌い・理科離れは、中学校以降の問題であって、小学校教員には関係ないと思われるかもしれません。しかし、必ずしもそうではありません。小学校高学年段階から、理科嫌い・離れの種は生まれているのです。

　例えば、小学校では目で見える現象を通して、自分の理解とつながる場合が多く見られます。そのため、実験や観察も楽しんで取り組むことができます。

　しかし、中学校以降になると、現象が全て視覚的に捉えられるわけではなく、モデル化、数式化が必要となってきます。原子・分子・イオンなどはその例です。目に見えないものを捉えることは簡単ではありません。モデルを用いることも大切ですが、モデルはあくまでもモデルであり実物とは異なります。そこにも子供にとっての理解の難しさがあります。

　授業で実験を行う場合、わかっていることとわかっていないことを把握して、わかっていないことを調べます。しかし、生徒によっては、自分の頭の中で何がわかっていて、何がわかっていないのかも、はっきりしない場合があります。つまり、「わからないことがわからない」状態で実験をし、授業を受けてしまうのです。

　それでは小学校では、将来を見据えてどのように授業に取り組めばよいのでしょうか。小学校段階において教える側は、学びが中学校ではどのように取り扱われるのかを意識しておく必要があります。つまり、目の前の実験だけでわかったような気持ちにさせるのでなく、生じている現象をモデル化、数字化させ、そ

の意味まで考えるトレーニングをしておくことで、中学校での理科との距離を縮めておくことができます。

●生徒の「授業に参加している」意識の向上

OECD-PISA や TIMSS の結果で驚くのは、中学生になると生徒が授業に参加しているという意識を持っている割合が、世界でも最も低いグループに属していることです。先生の説明がわからないということもあります。また、先生が一方的に話しているだけで、自分は聞いているだけと感じているのかもしれません。実験・観察を行っても、自分は実験に参加している意識が湧いてこない生徒がいることも懸念されます。

第1章で、国際比較調査から見た日本の理科教育の課題について触れました。今までの日本の教育は、大人数の子供たちに、知識を効率よく伝えるという授業が行われてきました。この方法の効果は、日本の子供の理科の正答率の高さに表れてきたと言えるでしょう。しかし、自分の考えを述べたり、ディスカッションを行ったりする時間が十分であったとは思えません。現在では、アクティブラーニングの必要性が言われていますが、これも一つの解決方法でしょう。

●義務教育間の情報交換

次に小学校と中学校との情報共有、連続性の課題です。

かつて義務教育学校がスタートした時、小学校の担当者と中学校の担当者とで話し合いが行われていました。そこでは、中学校の教員からは「小学校段階で身に付けているはずの力が備わっていない」、小学校の教員からは「小学校で学んできたことが中学校では生かされていない」、という相互の不満が聞かれました。ただ、これは必ずしも教育者側だけの問題ではなく、学習者側の答え方の問題も考えられます（例えば、中学校に進学した生徒が小学校での学びを忘れていたり、少し違った聞き方をされると応用ができなかったりすることです）。

このような義務教育間の情報交換も行えることが望ましいと言えます。

●理科教育とキャリア教育

日本の理科教育をめぐる施策や多様化する生徒側の課題もあり、これまで述べ

てきた問題の解決は容易ではありません。理科と日常生活との関わりをあまり意識していない、自分の将来に今の学びがどのようにつながるのか理解できていないなどの問題が、国内外の調査からわかっています。ここでは、後者の問題をキャリア教育と結び付けて考えていきましょう。

日本では、中学校以降は進路指導と呼ばれるのが一般的で、なかなかキャリア教育は定着しません。学校側は生徒の高校進学についての適性等を支援・指導するようになっていますが、実際は、成績によって進学先が決められてしまうことも珍しくありません。

キャリア教育は中学校以降だけでなく、小学校段階でも重要な意味を持ちます。例えば、教科指導の中で、この内容は将来のどのような仕事と結び付いているのかの示唆を授業中に与えることもキャリア教育です。現代の日本では、親の職業とは無関係に自由に就職できるようになっています。逆に選択肢が多いため、日本の子供たちは戸惑うのでしょうか。科学技術立国を目指すことが謳われて久しいにもかかわらず、理系の具体的な職種を知らない教員もいます。確かに教育学部出身であったり、文系学部出身であったりすると友人や知人に理工系を専門とする人は少ないかもしれません。それだけに、学生時代から専門の異なる友人をつくったり、就職してからも理工系の業種の人たちとの様々なネットワークによる情報収集を行ったりすることが必要となります。理系関係の業界のことを知ろうと思えば、その分野の人から聞くのが最も早いことは、他の領域でも同じです。

近年、日本の教育の課題の一つとして注目されるのが、60万人とも言われている中高年の引きこもりの増加です。労働者不足である一方、このような矛盾が生じています。保護者の年代と合わせ、「4070問題」「5080問題」とも言われ、小学校から不登校になっている人もいます。小学校から青少年までの不登校、そして引きこもりの問題は、今後も教育界だけでなく社会全体も含めた問題として、解決すべき大きなテーマになるでしょう。

学校での解決方法の一つとして、小学校そして中学校において、社会体験の時間が取り入れられるようになっています。現在の日本社会では、工業、農業、商業等の全ての業種において、子供たちが自分の親の働く姿を見ることが少なくなり、その結果、働くことへのイメージが持ちにくい状況であると言えます。教える側の学校教員が他の業種を経験していることが少ないため、「民間企業体験研

修」などが実施されることもあります。

●スーパーサイエンスハイスクール（SSH）

　高校スポーツは高校内だけでなく、マスコミも巻き込んで注目されます。例えば野球では、あの選手はドラフト候補だ！日本代表だ！と語られることがありますが、小学生や中学生は、野球やインターハイでの高校生の取り組みを見て、自分もあのようになりたいと身近な目標にすることがあります。当然、高校生になって突然、野球が上達するわけではありません。小学校時代からリトルリーグなどで活躍し、甲子園の常連校へ進学したりして、上を目指しているわけです。

　理科についても同じことが言えます。ただ、野球やサッカーなどとは異なり、小学校の頃から研究者を目指す子供は多くはないでしょう。科学者や技術者はマスコミなどで取り上げられることが少ないということもありますが、小学校の先生が子供に与える影響が大きいのも事実です。小学校時代の先生の影響で自然科学への関心を持ったというノーベル賞受賞者の方も多数います。

　高校野球は地元の予選からマスコミに取り上げられるのに対して、理科関係では「学生科学賞」が主催した某新聞社によって取り上げられるくらいでしょうか。公開されている全国の高校生の研究発表会といえば、SSH生徒研究発表会が代表的なものでしょう。SSH（スーパーサイエンスハイスクール）とは、文部科学省が、将来の国際的な科学技術関係の人材を育成することを目的として、先進的な理数教育を実施するため指定した高等学校などのことです。2002年（平成14年）度より学習指導要領によらないカリキュラムの開発・実践や課題研究の推進、観察・実験等を通じた体験的・問題解決的な学習等が支援されています。文科省の

図3.18　SSHの発表の様子

施策として約 20 年の長期にわたって継続的に実施される例は珍しいと言えるかもしれません。

　SSH に指定された高等学校等では、先進的な理数教育を実施するとともに、高大接続の在り方について大学との共同研究や、国際性を育むための取り組みが推進されています。また、創造性や独創性を高める指導方法、教材の開発などの取り組みを実施しています。図 3.18 は年に一度実施される SSH 生徒研究発表会の様子を示しています。

　小学校の教員や教育学部の学生にも SSH に興味を持ってもらえればと思います。自分の出身校が指定されている場合もあります。

第II部

実践編

第4章 | 学校内外での理科研修

　学生の皆さんは、教員になるためには、大学で専門領域とともに、教育に関連する内容（教科教育、教育法規、教職に関する教養）を勉強し、教育実習等を通じて実践力を身に付けておかなければならないと意識していると思います。そうでないとまず採用試験にも受かりません。

　しかし、採用試験の合格はゴールでなく、スタートです。教員になってからも新たな教育課題への対応も含め、一層の研修（文字通り、研究と修養です）が求められます。ここでは、先を見据えて学校内外での研修について触れてみましょう。

 ## 4.1　校内での理科研修

●校内での理科に特化した研修会

　小学校においても、附属小学校をはじめとして、理科を中心とした研修会が開かれることがあります。附属小学校だけでなく、公立学校・私立学校でも先進的な実践を展開するために文科省の研究開発学校の指定を受けたり、都道府県・市町等での研究校となっていたりします。また、校長のリーダーシップの下、校内の研究委員会や研究主任によって、学校独自の研修会が開催される学校も増えてきました。校内研修の方法は様々です。授業公開や外部講師による講演、それらを組み合わせる場合などが見られます。ここでは、理科の授業力のアップにつながる身近な取り組みについて触れたいと思います。

図4.1　校内研修会の様子

●多忙な教育現場での組織的な取り組み

　昨今、学校では教員それぞれが忙しく、放課後でさえも、会議・打ち合わせ以外に集まって情報収集や情報交換ができる機会は減っています。定期的に校内研修会が開催されていても、学校安全、生徒指導、人権・道徳など、学校全体の懸案事項と言えるものがテーマとなることが少なくありません。

　若い教員は学校に適応することに精神的エネルギーを使い、さらには、目前の学級運営と教科指導に悩むことが多いことでしょう。かつては、新任の教員は少なかったため、多くのベテランの先生方から常に指導・助言を受けることができました。現在では、若い世代の教員数は増えているにもかかわらず、中堅・ベテランの教員は多忙で、世代間のコミュニケーションギャップが見られるところもあります。そこで、時間を区切って（長時間にならないように終わりの時間を決めて）、若い教員だけで話し合いの会を持つ試みも行われています。

　学校の実情を踏まえ、組織的な理科への取り組みを考えてみましょう。まず、実験前には器具を準備するだけでなく、配布資料も作成する必要があります。実験・観察プリントを学年ごとに共通のホルダーに入れておき、前年度のものを学年が変わっても修正して使えるようにするなど、学校の理科としての体制を整えることが負担減につながります。理科主任の人がまとめ役や整理役をするのも一つのシステムづくりです。また、実験・観察の備品が学校にあったり無かったりするため、学校全体を見通した整理が必要です。多忙な中で、教員間で情報を共有し合うことが、多忙感を減らすことにもなります。これらの積み重ねから、理科の実技的な研修会を学年を超えて実施することが可能になるかもしれません。

●全国学力・学習状況調査の活用

　先述のように、全国学力・学習状況調査が毎年実施されています。国語や算数とは違い、理科は3年に一度です。マスコミや地域の人はややもするとその順位だけに踊らされます（順位と言っても、正答率を勝手に並べているだけですが）。個人的には望ましいと思えませんが、都道府県だけでなく、地域によっては市町単位で公開されているところもあります。ただ、学校としても子供たちの学力向上は重要な課題であるため、結果を無視することはできません。まずは、出題された問題を6年生の担任の先生だけでなく、全員で解いてみましょう。問題を解くことによって、現在、どのような力の育成が求められているのか、理解しやすくなります。そして、解答や解説を読んで、問題の感想を出し合い、自分たちの学校の児童にも当てはまる点、陥りやすい点などを話し合うことが必要です。

　また、ありがたいことに、この調査に関連して、授業のアイディア例を国立教育政策研究所教育課程研究センターのWebページからダウンロードすることができます。これをそのまま授業で用いても良いのです。何と言っても授業例は、全国から集まった理科教育を専門とする教員などのエキスパートが、文科省の理科に関する教科調査官の下で作成するのですから、これを使わない手はありません。

　優秀な教員は官製のものや市販のものは使わないという誤解があるようですが、これは違います。調査の目的と連動した授業アイディア例などにより、その単元における教材の意義を認識できることが多いのです。

●授業を参観する

　現役の教員ならば教育実習の時、指導教員や同じ実習生の授業を見たことと思います。他の人の授業を見ることは初任の時でもベテランの教員になっても様々な発見があります。教育実習生や学生が授業を参観する時にはどうしても子供の反応に目がいってしまいますが、そうではなく、先生の授業の展開の仕方に注意を向けることが重要です。さらには、子供の反応に対して、先生はどのように対応し、また、それによって子供たちはどうなったかと、往還した見方をすることが大切です。

　ただ、教員と児童とのやりとりを見てきた実習生や学生に感想を聞きますと、否定的な感想が出ることもあります。教員が子供の反応を十分受け止めていな

かった、教員の伝え方が悪く児童は戸惑っていた、などです。確かにマイナス面や短所を見付けることは簡単です。例えば、プロのスポーツ選手のプレーを素人は簡単に批判しがちです。失敗したプレーなどは特にです。しかし、プロの動きの凄さがわかるためには、プロの目を持っていなくてはなりません。つまり、あるレベルにまで達していないとその良さや卓越したところを理解できないのです。授業の見方についても同じことが言えます。他の人の授業を参観する時は、どこが優れているのかを探すような授業観察のほうが、授業者として力をつけられる場合が多いのです。残念ながら、せっかく良い授業を参観しても学べない学生も少なくありません。自身の授業経験が積み重なってくると、その凄さが見えてくるようになるでしょう。先輩や同僚の授業を見る時もこのことを意識してもらえればと思います。

●自分の授業を見てもらったり、メタ認知的に捉えたりする

　自らの授業の向上には、自分の授業を見てもらうことも大切です。教育実習の時に、指導教員や同じ実習生の参観によって指摘を受けたり、コメントをもらったりしたこともあるでしょう。教職に就いてから自分の授業を公開するのは勇気がいるかもしれません。しかし、自分では気が付かないことを指摘してもらうチャンスです。

　そうは言っても、空き時間の関係などでなかなか他の先生に見てもらえないこともありますので、自分の授業をビデオで撮影しておけば、後に自分で確認でき、また、多くの教員に見てもらうことができます。指導案を作成しておくと、それと照らし合わせて分析することも可能となります。自分の授業の進め方をビデオで確認し、客観的な視点で捉えることで（メタ認知）、自らの授業改善のつながるのです。校内の研修会でも活用することができます。

　記録という点でいうと、実験の授業で各班にICレコーダーを与えて録音させることで子供たちの意見を集約し、後から検討することもできます。個人情報の取り扱いに気をつけて、ビデオやICレコーダーのデータをパソコンに保存して（最近の学生さんの中にはスマートフォンで記録している人もいます）、振り返って視聴することで、新たな気付きも生まれます。

●教科の応用として ICT を結び付ける

理科教育における ICT（Information and Communication Technology、情報通信技術）教材活用の意義については、第 2 章でも説明した通りです。昨今、理科教育に限らず、学校教育全体での ICT の活用が求められています。若い人たちには電子黒板やタブレット型パソコンなどを抵抗なく使える人もいますが、中にはそうでない人もいます。パソコンや ICT は自分で学ぶこともできますが、短時間で技能を習得するには得意な人に教えてもらうことが早道です。

授業の展開や教え方を簡単に身に付ける方法はないと言って良いでしょう。しかし、ICT は比較的、短時間で習得できます。ICT に関する情報機器やそれらを用いた授業方法に造詣の深い人を講師として研修会を開催するのが効果的です。外部から講師を招くことも大切ですが、校内には必ずエキスパートがいますので、その人を中心に実施することも意義があります。ただ、速く身に付く技能は、すぐに役立たなくなることも懸念されます。そこで、常に新たな情報を求め、定期的に研修会等に参加することも重要です。

2020 年（令和 2 年）は新型コロナウィルス感染症の影響で、オンライン型の授業の取り組みも行われました。いずれオンライン型授業が展開されることは予想されていましたが、新型コロナウィルス感染症のようなパンデミックが契機となるとは誰も考えなかったでしょう。パソコンだけでなく、スマートフォンでも授業が可能となりそうな状況です。オンライン型授業は、時期、状況によって、プラス面とマイナス面が変わりますので、固定観念を持つことは避けるようにしたほうが良いかも知れません。

●取り組み等を可視化する

学校には必ず年間計画があり、月の行事予定などが職員室に掲示されていることも多く見られます。これは情報の共有化、可視化の点で重要です。研修会の日程なども年間計画の中に位置付けられていますが、その周辺の行事との兼ね合いも必要になります。

「働き方改革」と合わせて、研修の在り方を見直すことも重要です。何か新しい研修を入れる場合は、何かを減らす必要があります。理科教育や ICT だけなど、狭い範囲で研修を検討するのではなく、他の教科や学級活動、学校行事と組み合

第4章

わせるなど、汎用性のある研修の設定も求められます。

　また、研修での取り組みやその成果を職員室などの空きスペースに張り出し、参加できなかった人も見られるような工夫も重要です。研修では資料などが配布されますが、最近ではそれらをパソコンの共有フォルダに入れたり、メールで配信したりすることもあります。張り出すことのメリットは、複数の教員が同時にそれを見ながら話を進めることができる点です。

　さて、授業計画を作成する場合、特に理科実験や観察を行うには、備品、消耗品の購入計画が必要となります。ところが、授業計画は熱心に立てたのに、予算計画を考えていない人がいます。中には、実験用の薬品や消耗品のカタログさえも見たことがなく、価格も知らない人がいます。

　備品購入の計画を立て、消耗品の使用目的、必要度を再検討する姿勢も必要です。備品購入は学校全体のことを考え、管理職はじめ多くの人への伺いも不可欠ですが、事務職員の方とも意見交換をすると有益な情報が得られることもあるでしょう。

 ## 4.2　学外での理科研修

　どの教科や教育課題も時代や社会のニーズに応じて新たに学ぶべきことは多く、教員は生涯学び続けていく必要があります。特に、理科は日進月歩の科学技術の影響を受けるのですから、教員としても教育内容や方法を追究していく姿勢が求められます。自分自身のさらなるバージョンアップの方法を考えることは大切なことです。ここでは、校外でのより高い目標を持った自己研修について触れたいと思います。

●都道府県や市町の教育委員会・教育センター主催の研修への参加
　学校外でも様々な研修の機会が設定されています。まず、都道府県・市町の教育委員会や教育センター（地域によっては教員研修所等）が主催する教員研修が挙げられます。これは、悉皆研修（初任者研修など受講しなくてはならない研修）と希望研修（教科研修など受講者を募った研修）に大別できます。前者は必ず出

図4.2　教育センターと教員研修

席しなくてはなりませんが、後者も積極的に参加することが重要です。

　理科の研修では講義だけでなく実験や観察、場合によっては野外実習が組み込まれています。教材開発や授業展開の参考になる情報が得られるので、学校の事情が許す限り、参加することが望まれます。教育センター自体が現職教員のための充電機関と言って良いでしょう。教育センターは他の国にはあまり見られないシステムです。図4.2の写真は教育センターの建物の外観と教員研修の様子です。各都道府県の知の象徴とも言える鮮やかな建築物となっていることもあります。

　魅力的な研修があっても、平日では、勤務の状況から参加しにくい場合があります。そのため、都道府県や市町の教育委員会では夏季休暇中などにも研修を多く設定していることが一般的です。参加できないとしても、どのような研修が設定されているかを知っておくことは重要です。なぜなら、今注目されている内容が取り扱われることが多いからです。参加した他の教員から情報を得ることも大切ですし、学校としても最新の情報の共有は不可欠となります。

●教育センターの研究大会、附属学校の研究会への出席

　さらに、都道府県や市町の教育センターでは年に一度は研究大会が開催されます。ここでは必ずと言って良いほど理科に関する研究発表が設定されています。教員志望の大学生が参加できる研究大会も多く開催されます。教材研究や授業展開、評価方法など、努力をしている他の学校の先生方の取り組みには学ぶべき点が多くありますし、実績を持った教員が発表するので刺激を受け、自分自身の授業改善への意欲が高まります。都道府県を超えた他地域の教員も数多く参加して

います。

　また、各都道府県には教育大学や教育学部の附属小学校等が設置されており、年に一度は研究協議会等が開催され、公開授業も行われます。そこでは、研究者や助言者、理科教育を専門とする教育学系の大学の教員も参加しますので、授業者に質問したり他校の参加者の意見を聞いたりして、自分の参観した授業を一層深くフィードバックすることもできます。

　文科省の研究開発学校に指定されている附属学校もありますが、公立学校でも特定の教育課題をテーマとして研究開発学校となっているところも珍しくありません。学校によっては研究発表の前に子供の合唱が行われるなど、子供たちに対する学校の姿勢が窺えるのも研究会の興味深いところです。

●学会に参加する

　学会というと、小学校教員に関係のない専門的な場と思えるかもしれません。しかし、理科教育を中心として、小学校の多くの先生が会員となっている学会もあります。日本理科教育学会がその例です。何人かの学校の先生や同僚、場合によっては大学の先生との共同研究も見られます。理科系の研究室に所属していると学会発表の機会もあるかもしれませんが、教職に就いてからも継続することは専門性を高めていく上でも意義があります。

　最近では自然科学の学会で、アウトリーチ活動として教員向けセミナーが無料で開催されることもあるので、積極的に参加しましょう。

●出身大学や地元の教育学部の先生と連絡をとる

　大学には理科教育講座で理科教育を専門としている方がいます。理科教育講座以外の出身であっても、授業で困った時に連絡すると気楽に答えてくれます。というのも、今日、教員養成系の大学や学部では、地域の学校や教員との連携や協力が重要視されているからです。個人的にも、自分の大学出身の教員が頑張って取り組んでいることを知れば応援してくれます。自分の講座やゼミ以外の先生をたずねるのは、ためらわれるもしれませんが、少しの勇気を出してみてください。

●在職のまま、大学院に派遣される

　教育現場の課題をもう少し深めてみたいと思った場合、在職のまま大学院に進学する方法があります。地元の都道府県の大学院に派遣される方法では、1年間大学院で学び、2年目に自分の本務校で修士論文（教職大学院では最終課題レポート）を作成することになります。教職大学院の中には休業制度が利用できるところもあります。また、大学院によっては、夜間や長期の制度を設けている場合も見られます。さらには、放送大学大学院は日本で唯一通信制の大学院であり、学校教員も数多く在籍しています。

　修士課程や教職大学院を修了して教職に就いた人の中には、本務校に在籍したまま、博士課程に進学する人もいます。

●科研費奨励金等に応募する

　教材開発や教材研究をしようと思うと当然、お金がかかります。自腹で図書を購入したり、教材や文具を用意したりすることもありますが、財団等に研究費を申請することも重要な手段です。

　その代表的なものは、学術振興財団の科学研究費でしょう。学校の先生や教育委員会・教育センターに勤務する人は、奨励研究に応募することができます。1年間に最高100万円まで申請することができ、申請にはお金がかからないため、是非お勧めしたいことの一つです。また、科研費だけでなく、様々な財団の奨励金もあります。申請書を作成することによって、自分が何をしたいのか、どのような研究計画を立てれば良いのかを考えるトレーニングにもなります。

　学生時代からこのようなシステムを知っておくと、就職した時にスムーズに活用できます。もちろん、このような時にも指導教員や大学の先生方に相談するのが大切です。

第4章

4.3　様々な機会を利用した理科の学び

4.3.1　最も身近な学び「読書の重要性」

　教師の読書には重要な意味があります。自然科学の書籍は難しく感じるかも知れませんが、一般向けにわかりやすく説明された入門書もたくさん刊行されています。読書は先生が知識を増やし、授業の幅を広げるだけにとどまりません。子供たちは、先生がどのような本を読んでいるかに興味を持つことがあります。先生が、この本は面白いよ、読んでごらんと言うだけで、子供たちが積極的になることもあります。「科学者の伝記」による知的な刺激は今も昔も同じです。

　今の時代、子供たちが知りたいことは、インターネットですぐに検索することができるようになっています。このために、書籍の意味は薄れたと誤解をする人がいます。しかし、読書の重要性は、体系化された本の構成によって読者自身の知の統合化が促されることです。読書は、オンライン時代にこそ一層意義を持つと考えて間違いはありません。本は向上心を持つ教員に今後も手離せないものでしょう。新聞についても同様です。進展する自然科学について、専門家の知見を借りながらも、一般の読者に対して理解しやすい解説が意識されているからです。

4.3.2　理科フィールドワーク（＝旅行）の楽しさ

　改めて、小学校理科の目標を見てみましょう。
「自然に親しみ、理科の見方・考え方を働かせ、見通しを持って観察、実験を行うことなどを通して、自然の事物・現象についての問題を科学的に解決するために必要な資質・能力を次のとおり育成することを目指す。

　①自然の事物・現象についての理解を図り、観察、実験などに関する基本的な技能を身に付けるようにする。

　②観察、実験などを行い、問題解決の力を養う。

　③自然を愛する心情や主体的に問題解決しようとする態度を養う」

　（2017 年（平成 29 年）学習指導要領より）

　最初に「自然に親しみ」、最後に「③自然を愛する心情…を養う」と書かれています。このようなことを子供に期待するには、まず、教員がこの姿勢を持つ必

要があります。身近な機会や場所でも様々な方法が考えられます。一方で、日常では観察や体験ができない地域での知的な刺激も重要です。ここでは、特に日常とは異なった自然環境をフィールドとした自然との接し方を考えてみましょう。

●自然の二面性を地域、日本全体で知る

　学習指導要領では、自然というものを考える場合、災害と恩恵という自然の持つ二面性にも注目する必要があると述べられています。

　自然の恩恵の一つでもある自然景観は、観光立国としての取り組みと連動して各地域で活用され、外国人訪日客が増加しています（この書籍が刊行される頃にはコロナ禍が収まっていることを願っています）。日本の国立公園・国定公園、世界遺産（自然遺産）、さらには年々設置や申請が進んでいるジオパークでは、自然景観の美しさや神秘性が訪問者の関心を高めています。ジオパークは「ジオ（大地）＋パーク（公園）」として、大地の公園と呼ばれたこともありましたが、現在ではそのままジオパークという言葉が用いられています。理科の「地球領域」で期待される「時間・空間」の概念に、具体的に楽しく気付くことができ、「生命領域」での「多様性・共通性」の実感にも関わってきます。

　自然環境の違いを反映して、発生する自然災害には各地域によって大きな違いがあります。しかし、海に面していない県・地域では、津波を知らなくても良いのでしょうか。また、北海道、九州はじめ、活火山を有する地域の火山噴火の可能性は決して低くはありませんが、県内・周辺地域に火山が存在しなければ噴火などの意識をしなくても良いのでしょうか。豪雪も同様です。今の時代、生涯一つの地域にいるとは限りませんし、子供たちにとってはなおさらです。

　一方、台風や集中豪雨は全国に共通の自然災害と言えるでしょう。地震も同様です。各地域に応じた自然災害への取り組みや防災教育の構築も重要ですが、日本全体の自然災害を踏まえながら自然環境を理解する必要があります。

●フィールドワーク（＝旅行）によって視野を広げる

　地域の自然環境を取り扱う場合でも、学習指導要領に則った授業だけでは限界があるのも事実です。本書でも繰り返してきましたように、今後一層、科学的に判断し、的確に行動できる力の育成が求められ、思考力・判断力の育成には、カ

リキュラム・マネジメント的な視点も重要となっています。その中で、教員自身が視野を広げることは重要です。国内外を問わず、旅行をする教員は多くいます。当然、休業中など、学校や日常から解放されたいという気持ちは、他の仕事に勤めている人と同じです（場合によっては、より強い人もいます）。旅行では、その地域の歴史景観、レジャー、食事、様々な出会いを期待していると思いますが、自然景観も重要な要素です。

　子供たちに対して話題を広げるためにも重要ですが、自分自身を振り返るためにも旅行は大切です。知的好奇心を高め続ける「読書、旅行」は「様々な人との出会い」とともに特に教員にとって、成長に欠かせないものです。自分から積極的に求めていきましょう。

個性を生かした教師としての研鑽
－理科専攻でなかった私が、どう歩み、理科教師として成長してきたか－

松林 昭

　私は大学卒業後、3年間小学校の教師を務めました。しかし、外国人と触れ合う仕事にあこがれを持っており、日本で国際的なホテルで働いてみたいと考え、転職を決意しました。その後、再び27歳で小学校教師に転身し、それ以来30年間、魅力的な理科の教師を目指し、自分なりのやり方で研鑽に努めてきました。私の魅力的な理科の教師像は、未来を担う若い世代に、それぞれが自分の持ち味に気付く機会を提供しつつ、自然を探究することの面白さと自然環境の大切さを、授業を通して楽しく伝えることのできる人です。

　本節では、自分らしさを生かした理科教師を目指して試行錯誤し、「必ず夢は叶う‼」との思いで取り組んできた歩みを紹介します。読者の方々の何らかの参考になれば嬉しい限りです。また、教職を目指している、または、教職に就いて間もない方々にとって、具体的な例としてもお読み頂ければ幸甚です。

　どの職業にも仕事に取り組む上で大切な要素があると思います。教職の場合「使命感、熱意、感性」「児童・生徒を理解する力」「統率力」の3つだと考えています。以下は、この3つの力を備えた、より魅力的な理科教師像を目指して筆者が取り組んできた教育研究の実践を、6つの項目にまとめてみたものです。

1. 授業の達人と言われる人の授業を見てまね、自分のものにしていく

　昭和の終わり頃、京都の小学校の理科専科に採用されましたが、初めは児童がいきいきする授業をしようとしても、なかなかうまくいきません。理科は、子供たちが実験や観察を通して自然の営みを知り、そこにある法則・原理に気付き、理解していく教科です。授業における教師の役割は、先人たちが到達した結果や結論を教え込むのでなく、探究過程の面白さを味わうことを通して、子供たちの思考力や創造性を育てていくことだと考えていました。そして子供たちが理科好きになって欲しいと願っていました。実験・観察に探究的な方法を取り入れた「授業の達人」と呼ばれる実践者を探しました。理科雑誌等に掲載されている「授業の達人」の授業を見るために、全国各地に出向きました。

彼らの授業を見、ここはというところをまね、自分のものにしていくことに努めました。

●学校の連合組織からの学び

　自分の授業を向上させていくために、「達人」の授業を見ると同時に、自分の授業を見てもらうことも大切だと考えました。研究会で、公開授業を引き受けました。30歳前半には、日本私立小学校連合会の理科部会で授業発表に挑戦しました。

　それらをきっかけに、色々なタイプの経験豊富な先生方と出会うことができました。私は元気が取り柄で、人との交流大好き人間でしたので、多くの方々との出会いのチャンスを生かしてつながりを広げていきました。全国大会での発表後の懇親会における理科教育についての討論が、人間性を磨く観点からも素晴らしく、感動しました。この会で立教小学校の田中司先生（当時、日本私立小学校連合会理科部会会長）とも出会いました。私にとっては、これらの先生方に追い付き追い越す理科教師を目指すことを決意する場となりました。

●仮説実験授業からの学び

　授業の中に特に取り入れてみたいと思ったのが、仮説実験授業でした。板倉聖宣先生が提唱し、教育の革命のために実践された、従来の方法の授業にはない、児童生徒の仮説を大切にした形式の授業でした。当時、教科書で授業をしていた私にとっては、全く目新しいものでした。本はなく、その時に必要な内容をプリントにし、そして、ある問題に対していくつかの仮説を立てておき、それを個々の児童に選ばせ、その選んだわけをしっかり話し合わせることを重視した授業です。その後、指導者が実験をして、結果から原理・原則を学んでいく授業形式です。

　板倉先生に賛同され活躍されていた先生方の授業の参観に回りました。上廻昭先生・小野田三男先生（学習院初等科）、渡辺慶二先生（四条畷学園小学校）などの授業参観後、授業を振り返る会に最後まで残り、徹底的に討論する姿勢で臨みました。当時、私は、若輩の身ですいぶん偉そうなことを言っていたと思います。仮説実験の授業書を使えば、「誰がしても、授業はうまくできます」と言われたことに対し、「それは、違うでしょう。それぞれ、先生の個性があり、仮説の指導書をうまく生かしておられるから、授業が成り立っているのではないですか」と反論しました。ある先生に「松林君、そこまで言うなら、ご自分

も実際に仮説実験授業をしてみられてから、討論しませんか」と言われました。自校に帰ってから、私は早速自分の理科の授業に、仮説実験授業を取り入れてみました。実際に行ってみて仮説実験授業の授業書は、子供が意見を述べる際、整理しやすいよう、よく研究されてできているなど、優れた面にも新たに気付きました。

　私は、仮説実験授業を生かした自分なりの授業を模索しながら取り組みました。仮説実験授業との出会いは、自分自身の授業を改めて吟味するきっかけになりました。これは、当時一線で活躍されていた先生方の、理科教育への思いと、後輩を育てる情熱のお蔭と深く感謝しております。

2. 授業が上達するための授業公開と授業分析

●自ら進んで公開授業を行う

　平成に入って、小学校連合会理科部会で、公開授業を引き受けました。今でもよく覚えております。3年生の授業「空気でっぽう」でした。60人ぐらいの理科の先生方に、私の授業を見て頂き、その後、授業の反省会でした。二人のベテラン先生から、最初だけ誉め、後は非難のようなお言葉を拝受しました。この二人のお蔭で、「なにくそ、見返してやる」と、さらに真剣に授業上達のためのアクションを起こしました。

●授業を分析する　－ストップザ・モーション法－

　当時、「ストップザ・モーション」という授業分析方法を開発された、藤岡信勝先生(東京大学)と出会いました。授業の過程全体を収めたビデオを使って、発問、児童・生徒の意見、顔の表情、雰囲気などを見ながら、授業を振り返る方法です。ストップとあるように、ビデオを止めて、「この発問は、何のためにしたのですか」「なぜ、子供の意見を生かさないのですか」などなど、分析していきますと、何時間、いや何日もかかって授業を見直していくわけです。このやり方を自分自身が実践することで、必ず授業は上達すると確信しました。

　その後、理科室にビデオカメラを設置し、ストップザ・モーション法で自分の授業の分析を続けました。その成果を踏まえて、全国各地（北海道・東京・名古屋・岡山・福岡）での公開授業・研究発表を行い、全国の先生方に私の授業を見て頂くことができました。またオランダのイエナ-プラン教育の校長や先生方にも見て頂くことができました。教師志望の方、教職に就いてからも公開授業は進んで行ってください。後悔は決してしないと思います。

その後も、進んで公開授業を行う、授業実践をまとめて教育誌に投稿する、日本理科教育学会に入会し毎年学会で発表する、学会発表を目指して教育実践を工夫するなど、幅広く教師としての向上を図ってきました。

3．プロのアナウンサーや芸人から、喋りを学ぶ

　喋り方や授業の間のとり方を芸人やアナウンサーから学ぶために、自ら企画を立てて実践し、芸人やアナウンサーと友人としてお付き合いしながら、それらを学びました。

　2009年頃、環境省の講師として、東京の六本木ヒルズにて、3日間、夏休み向けのエネルギー実験教室を行いました。その時、FM東京の生番組で、レポーターが、燃料電池で車を動かす実験をスタジオのゲストに言葉で伝えることになりました。映像があればわかりやすい実験ですが、言葉による解説です。しかし、レポーターは、聞き手が実際に体験しているかのように伝えてくれました。

　番組担当の博報堂の方からも「関西から来られた講師の先生が大変好評だ」と言って頂きました。自分の実践してきたことがこういう形で生かされ、お役に立てたことが証明されたと嬉しさもひとしおでした。実験の楽しさを言葉で伝えられるという、お喋りの偉力を知る機会となりました。

4．教師の世界だけでなく、異業種交流を進んで行う
　－広がる交友関係が、コミュニケーション能力を育てる－

　企業トップの方々の講演会やセミナーにも足を運び、迫力あるお話を聞き、終わった後は懇親会で親睦を深めました。最近では、京都先端科学大学の理事長に就任された、日本電産の永守重信会長との出会いがあります。私は息子のご縁で大学の後援会「父母の会」会長をさせて頂いておりましたが、2018年に、会長ご自身にお願いし、保護者を対象に会長による講演会を開催させて頂きました。会長はこれからの大学の取り組みについて話をされました。特に世界で勝負できる人材については「頭の偏差値での勝負はだめや、人間性や」と強調されていました。今や世界的企業の経営者が、日本の大学運営に、教育界に、物申されています。やはり何事も速いです。名言「すぐやる、必ずやる、できるまでやる」というお話は、楽しくおもしろく、感銘を与え、聴衆全体が包み込まれ聞きほれるものでした。私も、早速この名言の実践を心がけています。

5. グローバルな視野から授業を行う　－海外からも魅力ある教育を学ぶ－

　筆者は、エネルギー問題、環境問題、理科教育をより深く学ぶために、小学校に勤めながら、2005 ～ 2009 年の間、京都教育大学大学院理科教育専修に在学し、エネルギー環境教育に関わる研究に取り組みました。またこの間、同専修のご縁で多くの共同プロジェクトに関わりました。

●エネルギー環境教育を、欧米の先進国から学ぶ

　日本のエネルギー環境教育をより推進するために、エネルギー環境教育研究会が結成され、研究会の一員として、欧米のエネルギー教育の調査分析とそれを踏まえた授業実践に取り組みました。

　筆者は、イギリスとスウェーデンの小・中学校を担当しました。スウェーデンの中学校で実践されているモデル授業を受講し、その後先生との討論を踏まえ、「ミニボトル生態系」の日本での授業を公開で行いました。また、ミニボトル生態系やそれを発展させた教材（京都教育大学の修士課程で開発研究に取り組んでいた教材）について、全国で文科省主催の講演も行いました。

●スウェーデンの理科教育に学ぶ
－ストックホルム教育大学ハンス准教授との出会い－

　筆者がエネルギー環境教育研究会の委員をしていた頃、「科学技術と経済の会」の国際部長として活躍されていた安元昭寛氏との出会いがありました。氏は発電の技術者で、何回か研究会でご一緒させて頂いた折、意気投合しました。氏は、楽しく考えさせる理科教材の開発者として著名な、ストックホルム教育大学のハンス准教授を日本に招かれました。安元氏は、私の小学校までハンス氏を連れて来てくださいました。お陰様で多くの教育関係者が参加する交流会を開催でき、思考力・創造力を高める理科教材について、実際の実験を交えた紹介をして頂くことができました。その場に同席されたハンス氏の息子さんは、京都が大変気に入られ、その後京都の大学に留学されました。

　安元氏は、定年後シニアボランティアで、モンゴルの発電授業を手助けに行かれました。時々、モンゴルからお便りを頂きます。

●オランダの教育に学ぶ

　2007 年 11 月、オランダから教育実践家 3 名（校長 1 名、教育コーディネータ 2 名）および教育研究者 1 名（リヒテルズ直子氏）を招き、2 日間にわたっ

て京都教育大学を中心にして、日本全国から教育関係者が参加する研究会を開催しました。1日目は、京都教育大学でシンポジウムを開き、2日目に筆者の小学校においてオランダの教員による授業と、筆者による授業を日本の児童を相手にして公開で行いました。

　日本全国からの参加による広がりもでき、このプロジェクトを通して、私は、教育の域を超えた知己の広さ、無私になって尽くす真摯さ、どのようなことがあっても前向きな姿勢を崩さない力強さなど、人間力の育成の可能性を垣間見たという思いを抱きました。

6. 教育現場だけでなく、人や地域に役立つ活動を求めて自らが有言実行

●びわこ自然環境ネットワークの一員として

　1990年頃、滋賀県守山市に自宅を構え、滋賀の環境について学びたいとの思いで参加したのが、びわこ自然環境ネットワーク（滋賀の環境を考え、自然を守るために結成された団体）でした。当時、滋賀県で起こっていた環境問題、特に湖の汚染、ゴルフ場の汚染を県民が真剣に考え、環境を保全するためにどんな行動ができるかと、JR職員、銀行員、画家、陶芸家、大学教授と私の6人で活動しておりました。成果として、ゴルフ場での農薬垂れ流しをやめさせ、1300万人近畿のみずがめと呼ばれる琵琶湖をみんなできれいにする運動などがあります。実際に現地に出向き、現地の現状を知ることで、生の教材づくりを行うことができました。

●日本環境教育学会関西支部での活動

　鈴木善次先生（元大阪教育大学教授、元日本環境教育学会会長）が、日本の環境教育の実践・推進の第一人者でした。鈴木先生との出会いによって、環境教育の大切さを痛感し、大阪教育大学天王寺キャンパスまで、土曜日の授業が終わってから、夕方からの環境会議に参加しました。片道2時間はかかりましたが、学びや活動を楽しみながら、研究発表や委員会運営にも参加させて頂きました。現在、滋賀大学大学院教授の藤岡達也先生とも環境教育の活動をともにしました。

●NPO法人サイエンス・Eネット副理事長として

　京都出身の川村康文先生（現東京理科大学教授）が、NPO法人サイエンス・Eネットを立ち上げました。理科の楽しさと環境学習の大切さを、理科の実験

を通して京都から発信するというもので、教員だけでなく、学生や社会人、主婦も交えた組織です。川村先生が理事長、山下芳樹先生（元立命館大学教授）が理事長代理、筆者が副理事長として、京都から全国各地に、理科実験を通して理科の楽しさや環境学習の大切さを広げていきました。

● NPO法人あいんしゅたいんの理科実験講師として

坂東昌子先生（元愛知大学教授・元日本物理学会会長）、松田卓也先生（元神戸大学教授）、佐藤文隆先生（元京都大学教授）の方々によって、NPO法人あいんしゅたいんが立ち上げられました（2009年）。筆者はそのITマネジャーとして雇用されました。京都大学高等教育推進センターも共同研究に加わることになりました。

あいんしゅたいんと京都大学理学部の共催で、親子理科実験教室が立ち上がり、実験教室で、筆者がメインの講師を務めさせて頂きました。また、理科のe-ラーニング教材も作成しました。実験教室は7年間行い、2020年現在、若手の理科教員、当時私のTAをした学生、京都大学の先生が引き継いで続けられています。

また、京都大学で、高等教育の向上を図るため、学生が「学生生活をいかに有意義に送るか」をテーマに英語での弁論を行う発表会や、オランダ・イエナ-プラン教育のリヒテルズ直子氏の講演会を、坂東先生や小山田教授とともに企画しました。この講演会には、早朝から当時の松本紘総長（現理化学研究所理事長）にも出席して頂き、オンラインで「世界一幸せな、オランダ教育の在り方」についての講演もして頂きました。

● おわりに

教職に関わる期間が長かったのですが、本稿では教育だけにとどまらず、この世に生命を受け、なぜ自分は生きているのか、人としてどう生きていくことが大切かを考え、夢を実現するためにどうすれば良いかを、私自身の生き方を通して述べてきました。たくさんの素晴らしい生き方をしておられる人たちとの出会いとそれを踏まえた実践が、思考力や創造力、人間性の涵養など、自分を成長させる力になってきたと感じます。

現在も、教師を目指す学生に伝えていることは、頭の偏差値だけでなく、心の偏差値も高めることを心がけること、常に探究心を持って、インプットからアウトプットに至る思考力を訓練すること、何事にもポジティブに行動し実践することの大切さです。これまで出会った人たち——学生や現場の先生や社会

第4章

人──の中に、「そんなことは、できません。無理です」という反応もありました。やりもしないのに、最初からそんなこと言う人間にはなって欲しくありません。やらないで成し遂げられることなどありません。

　筆者は出会った方との縁を大切に、色々な学びを謙虚に受け止め、有言実行──特に、思ったことはすぐ実践すること──を心がけ自分の成長に努めてきました。今後もこの生き方を続ける中で、人や地域や社会に恩返しする生き方をしていきたいと考えています。「夢は必ず叶う」を実現してきた者として、これからも、魅力のある人間を育てるために、理科の原理・原則はもちろん、人間としての原理・原則も貫き、引き続き人生を生きていこうと考えております。

　謝辞：今まで出会い、お世話になった方々（教え子・友人・恩師・研究者・アスリート・家族・両親 etc…）に一期一会と感謝御礼いたします。

第5章 楽しく、子どもの資質・能力を高める授業実践のスキル

2020年度（令和2年度）から新学習指導要領が完全実施されました。今回の改訂では、子どもの資質・能力を育むために、全ての教科の目標が、「知識及び技能」、「思考力・判断力・表現力」、「学びに向かう力、人間性」の三つの柱を中心として整理されました。まず、理科の目標をもとに、求められる理科授業とは何かについて読み解いていきましょう。

小学校理科の目標（文部科学省、2017年）

　自然に親しみ、理科の見方・考え方を働かせ、見通しをもって観察、実験を行うことなどを通して、自然の事物・現象についての問題を科学的に解決するために必要な資質・能力を次のとおり育成することを目指す。
(1) 自然の事物・現象についての理解を図り、観察、実験などに関する基本的な技能を身に付けるようにする。
(2) 観察、実験などを行い、問題解決の能力を養う。
(3) 自然を愛する心情や主体的に問題解決しようとする態度を養う。

　理科の目標の第一文には、目指す資質・能力を育成するために理科で取り扱う学習対象、学習過程が示されています。学習対象は「自然の事物・現象」、学習過程は「自然に親しみ、理科の見方・考え方を働かせ、見通しをもって観察、実験を行うことなどを通して」と記されています。今回の学習指導要領が前回と大きく異なる点は、「理科の見方・考え方」が資質・能力を育成するための手段として示されていることです。

　まず、「理科の見方」とは何なのでしょう。それは、子どもが自然の事物・現象を捉える視点です。理科の領域に関する知識と関連しており、次のように記述されています。

> 「エネルギー」領域では学習対象を主として<u>量的・関係的</u>な見方で捉える
>
> 「粒子」領域では学習対象を主として<u>質的・実体的</u>な視点で捉える
>
> 「生命」領域では学習対象を主として<u>多様性・共通性</u>の視点で捉える
>
> 「地球」領域では学習対象を主として<u>時間的・空間的</u>な視点で捉える

　次に、「理科の考え方」とは何なのでしょう。これまでの学習指導要領での「考え方」は、「問題解決の能力」として「…比較して調べる」「…関係付けて調べる」「…条件に目を向けながら調べる」「…推論しながら調べる」と示されてきました。そして、これらの姿勢や態度を育成することを目指し、「科学的な思考・表現」という観点で評価してきました。一方、新学習指導要領では、これまでの「問題解決の能力」を基に、「比較」「関係付け」「条件制御」「多面的に考えること」などは、子どもが問題解決の活動の過程で働かせる「理科の考え方」として整理されました。

　それでは、「理科の考え方」が新学習指導要領ではどのように整理されているか、学年ごとに見ていきましょう。

　3年生に示されている「差異点や共通点を基に、問題を見いだす力」を育成するためには、複数の自然の事物・現象の差異点や共通点を捉える比較の考え方を用いることが大切です。

　4年生に示されている「既習の内容や生活経験を基に、根拠のある予想や仮説を発想する力」を育成するためには、自然の事物・現象同士を関係付けたり、自然の事物・現象と既習の内容や生活経験と関係付けたりする考え方を用いることが大切です。

　5年生に示されている「予想や仮説を基に、解決の方法を発想する力」を育成するためには、自然の事物・現象に影響を与えると考える要因を予想し、どの要因が影響を与えるかを調べる際に、これらの条件を制御するといった考え方を用いることが大切です。

　6年生に示されている「より妥当な考えをつくりだす力」を育成するためには、自然の事物・現象を多面的に考えることが重要です。

　問題解決の能力は、すべての学年で育成することが大切です。したがって、問題解決の能力は、軽重をつけつつ、4年間を通して育成できるように指導していきましょう。

思考力とは

　これまで思考力は、成長に伴い身に付く力として認識されており、意図的に育成することは困難とされていました。しかし、思考力とは「①違いに気付いたり、分類したり、比較したり、②観察している対象と既習の知識を関係付けるなどの「技能」であること」とされ、「技能であるから獲得が可能である」という研究成果が発表されています。

（文献：角屋重樹・山根悠平・西内舞・雲財寛・稲田結美（2018）：思考力・判断力・表現力の育成を目指した学習指導法の開発、日本体育大学大学院教育学研究科紀要、第1巻第1・2合併号、pp.151-160）。

 # 5.1　エネルギー領域を教えるコツ

　エネルギー領域では、子どもが主に「量的・関係的」な見方を働かせて事象を捉えられるようにすることが重要です。そのためには、子どもが理科の見方・考え方を働かせて主体的に問題解決に取り組むことができるよう、指導を工夫していきましょう。

　例えば3年生から6年生の「電流の働き」では、電流の流れによって生じる発光、運動、磁化などを個々の現象としてではなく、それらを「電流の働き」による変換・保存の結果として理解させることが大切です。そのためには、子どもが電流の流れによって起こる現象を量的・関係的な見方で捉え、問題解決に取り組む授業の工夫が必要となります。

　ここでは「電流の働き」に関して3学年から6学年まで1つずつ、系統性を踏まえながら、4つの指導例を紹介します。

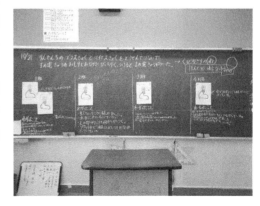

３年生「電気の通り道」

① 単元のねらい（小学校学習指導要領（平成 29 年告示）解説理科編より抜粋；文章中の下線、（ ）内の語句は著者による）

> 　電気の回路について、<u>乾電池と豆電球などのつなぎ方</u>（関係的な見方）と乾電池につないだ物の様子（関係的な見方）に着目して、電気を通すときと通さないときのつなぎ方を<u>比較</u>（考え方）しながら調べる活動を通して、次の事項を身に付けることができるよう指導する。
> ア　次のことを理解するとともに、観察、実験などに関する技能を身に付けること。（知識及び技能）
> <u>(ｱ) 電気を通すつなぎ方と通さないつなぎ方があること。</u>（指導例）
> (ｲ) 電気を通す物と通さない物があること。
> イ　乾電池と豆電球などのつなぎ方と乾電池につないだ物の様子について追究する中で、<u>差異点や共通点を基に、電気の回路についての問題を見いだし、表現すること。</u>（思考力・判断力・表現力）

●指導のポイント

　本単元では、電流の回路についての問題を見いだし追究することを通して、電気の性質を関係的に捉えることを目指しています。ここで取り上げる (ｱ) では、乾電池と豆電球と導線のつなぎ方による点灯の有無を比較し、見いだした問題を追究する活動を通して、電流の流れを閉じた状態で、電源（乾電池）と負荷（豆電球）が接続されているものが回路であることを理解させます。

② 指導計画（7 時間）

第一次　どのようにつなぐと明かりがつくのか（本時 2 時間）

第二次　導線の他にも電気を通すものは何があるのだろう（2 時間）

第三次　学習したことを活かしておもちゃをつくろう（3 時間）

③ 学習指導案（本時案）

本時の目標

　乾電池に豆電球をつなぎ電気を通すつなぎ方と通さないつなぎ方があることを理解する。

児童の思考と活動	指導のポイント（見方・考え方）
①問題を見いだす。 ・乾電池、豆電球、ソケットを使って、豆電球に明かりをつける。 「ついた。なんで明かりがついたんだろう」 「導線を乾電池の端と端につないだら、明かりがついたよ」 「導線を乾電池につなげても、明かりはつかなかったよ」 「どうつないだら明かりがつくのかはっきりさせたいね」 「導線と乾電池をどうつなぐと明かりがつくのかをめあてにしよう」	①豆電球が点灯する場合と点灯しない場合（異なる自然事象）を比較（考え方）させ、問題を見いださせる（問題解決の能力）。 ・明確な問題を見いださせるために、「何を」「どうしたら」豆電球が点灯したり、しなかったりしたのかと子どもに問いかける。 ・子どもが「なぜ、明かりがついたのか」という漠然とした疑問から、「何を」「どうしたら」という具体的な見通しを発言した段階で、教員は「今日のめあてはどうしますか」と問いかけ、問題を設定させる。

問題：豆電球からの導線を乾電池にどのようにつなぐと明かりがつくのだろう。

| ②予想を立てる。
・豆電球、乾電池を記入したカードに、豆電球に明かりがつく時との導線のつなぎ方を書き込む。
 | ②子どもに、実験の目的（予想の結果を確かめること）を明確に意識させるために、豆電球、乾電池を記入したカードに予想の結果を書き込ませる。
・早く書き込めた子どもには、豆電球に明かりがつかない時のつなぎ方を書き込むカードを与え、記入させる。 |

第5章

③予想の結果を確かめるために実験する。 「予想を確かめるため、実験しよう」 「実験結果を学習カードに書き込もう」	③実験させ、実験結果を②の学習カードに書き込ませる。 ・学級全体で実験結果を分類・整理できるように、黒板に貼り付けられる磁石付き学習カードに書き込ませる。
④学級で実験結果を話し合う。 ・豆電球に明かりがついたつなぎ方とつかないつなぎ方を発表する。 ・豆電球に明かりがついたつなぎ方とつかないつなぎ方のグループをつくる。 ・各グループのつなぎ方の共通点は何かを見つける。	④学級で実験結果を共有させる。 ・豆電球が点灯したつなぎ方と点灯しないつなぎ方を視点に学習カードを分類・整理させる。 ・分類・整理された学習カードを基に、豆電球が点灯するつなぎ方及び点灯しないつなぎ方の共通点を見いださせる。
⑤予想の結果と実験結果が同じだったか、違っていたかを確かめ予想の妥当性について話し合う。 ・予想の結果と実験結果を比べると（考え方）、同じだった。 だから、予想はあてはまるといえる。 ・「予想の結果と実験結果を比べると、違っていた。違っていた原因は、予想があてはまらなかったのかな、実験方法が違っていたのかな」→（再実験）	⑤考察では、予想の結果と実験結果の一致、不一致を確かめさせ、予想の妥当性を考察させる。 ・予想の結果と実験結果が一致していれば、予想は妥当であったといえることを理解させる。 ・予想の結果と実験結果が一致していなければ、予想が違っていた場合、実験方法が違っていた場合があることに気付かせる。３年生の段階では、どんな実験方法だったのか、やってみて見せてと教員が問いかけてもよい。

⑥結論を見いだす。	⑥「豆電球からの導線を乾電池にどのようにつなぐと明かりがつくのだろう」という問題に対応した結論を見いださせる。 ・この時、乾電池の＋極から－極へと順に回路を指でなぞらせ、電気が流れることをイメージさせるようにする。 →４年生への電流の向きの学習へとつなげる。
結論：豆電球からの導線を乾電池の＋極と－極に１つの輪のようにつなぐと明かりがつく。	
⑦本時の学習を振り返る。 ・解決できたこと、まだ解決できていないことを書き出す。	⑦学習の見直しと、今後追究する問題を明確にするため、今日の学習で、何が解決できて、何がまだ解決できていないかを意識させる。

⑷学習展開の実際～問題を見いだす過程～

　３年生では、主に差異点や共通点を基に、問題を見いだすといった問題解決の能力の育成を目指しています。この力を育成するためには、複数の自然の事物・現象を比較し、その差異点や共通点を捉えることが大切です。

●事象を比較する力

　事象Ａ（豆電球からの導線が乾電池の＋極と－極に輪のようにつながっている回路）、事象Ｂ（豆電球からの導線が乾電池の＋極と－極に輪のようにつながっていない回路）の豆電球の点灯の様子を比較し、それらの違いから問題を見いだす力を身に付けさせます。

●事象の違いの要因（予想）を整理する力

　事象Ａと事象Ｂの導線と乾電池のつなぎ方を比較し、それらの違いを整理することにより、事象Ａと事象Ｂの違いがどの要因により生じたかを見いだす力

第5章

を身に付けさせます。

●問題を設定し、表現する力

　主体的な問題解決の活動をさせるためには、疑問を見通しのある予想へ、そして、問題文として表現する力を身に付けさせることが効果的であるという研究成果が発表されました。これまでは、疑問から問題へという流れで、子どもに問題を設定させ、文章化するという指導が行われてきました。しかし、理科の見方・考え方を働かせ問題解決を図るこれからの理科では、下表のような授業の流れも有効になるでしょう。

これからの授業	これまでの授業
疑問（見通し無） 「なぜ？」 「なぜ、豆電球は光ったんだろう」 「豆電球が光る時と光らない時は「何が」違うの？」 子どもの予想 「原因は、導線が乾電池の端にくっついているかいないかだよ」 「原因は乾電池につけた導線の場所だよ」 「今日のめあてはどうしますか」 子どもの問い（見通し有） 「豆電球からの導線を乾電池にどのようにつなぐと明かりがつくのだろうをめあてにしたい」	疑問（見通し無） 「なぜ？」 「これを見てどう思いましたか」 「なぜ、豆電球は光ったんだろう」 「どうして豆電球が光ったのかを調べよう」 「今日は、どのようにしたら豆電球に明かりがつくのだろうをめあてにしましょう」

（文献：吉田美穂・川崎弘作（2019）：科学的探究における疑問から問いへ変換する際の思考の順序性の解明に関する研究、理科教育学研究、Vol60 No.1、pp.185-194 ）

次に、「差異点や共通点を基に、問題を見いだす力」を育成するための教師の発問例を紹介します。

●比較するものを提示して事象の違いを明らかにさせます。

 発問例 「AとBは、何が違いますか」

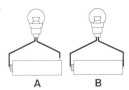

「Aは明かりがついていないけれど、Bは明かりがついています」

「Aの導線は、乾電池の模様の上についていますが、Bの導線は乾電池の端についています」

●違いが生じた原因を予想させます。

 発問例 「何が原因で違いが起こったと思いますか」

「豆電球からの導線と乾電池がついている場所が原因だと思います」

「豆電球からの導線が乾電池の端か、端でないかが原因だと思います」

●問題文を設定する力　調べる「何」を明確にさせます。

 発問例 「今回のめあてはどうしますか」

「豆電球からの導線を乾電池にどのようにつなぐと明かりがつくのだろう、をめあてにしたい」

> 💡発問のポイント💡
>
> 　子どもに問題を見いださせるためには、子どもが比較し違いに気付くことができる2つの現象を見せて、◎のような発問をするとよいでしょう。
>
> | ◎ OK発問 | × NG発問 |
> |---|---|
> | 「事象Aと事象Bではどこが同じでどこが違うの」 | 「どう思った？」 |
>
> ◎のような両者の違いを気付かせる発問が大切です。

4年生「電気の働き」

（小学校学習指導要領（平成29年告示）解説理科編より抜粋；文章中の下線、（　）内の語句は著者による）

> 　電流の働きについて、<u>電流の大きさ</u>（量的）や<u>向き</u>（関係的）と乾電池につないだ物の様子に着目して、それらを<u>関係付けて</u>（考え方）調べる活動を通して、次の事項を身に付けることができるよう指導する。
> ア　次のことを理解するとともに、観察、実験などに関する技能を身に付けること。（知識及び技能）
> (ｱ)乾電池の数やつなぎ方を変えると、電流の大きさや向きが変わり、豆電球の明るさやモーターの回り方が変わること。（指導例）
> イ　電流の働きについて追究する中で、既習の内容や生活経験を基に、電流の大きさや向きと乾電池につないだ物の様子との関係について、<u>根拠のある予想や仮説を発想し、表現すること。</u>（思考力・判断力・表現力）

●指導のポイント

　本単元では、見いだした問題について、既習の内容や生活経験を基に、量的・関係的な視点で根拠のある仮説を発想し問題を追究することを通して、電流の働きを捉えることを目指しています。ここで取り上げる（ア）では、回路を流れる電流の大きさや向きを豆電球の明るさ（量的・関係的）やモーターの回り方（量的・関係的）と関係付け仮説を発想し追究する活動を通して、電気の働きについて捉えます。

⑵指導計画（7時間）

第一次　モーターが回る向きは、何が関係しているのだろうか（本時3時間）

第二次　モーターが回る速さは、何が関係しているのだろうか（4時間）

⑶学習指導案（本時案）

本時の目標

　乾電池の向きを変えると、回路に流れる電流の向きが変わり、モーターの回る向きが変わることを理解する。

児童の思考と活動	指導のポイント（見方・考え方）
①問題を見いだす。 ・乾電池1つ、導線付きモーター1つと、羽を使って、マイ扇風機をつくる。 「モーターが回った。いい風が来るよ」 「おかしいな。モーターは回っているのに風がこない」 「羽の回り方が違うのかな。どうして、風が来たり来なかったりするんだろう」 「乾電池とモーターのつなぎ方が違うのかな。乾電池をどうつないだら風が来るようにモーターが回るのだろう」 「モーターが回る向きは、何によって変わるのだろうかをめあてにしよう」	①つくった扇風機の自分の羽と友達の羽の回り方の違いに気付かせる。 ・マイ扇風機をつくらせ、風が来る場合と来ない場合を比較させ、問題を見いださせる。 ・子どもが「なぜ、風が来たり来なかったりするのだろう」という漠然とした疑問から、「何が」「どのように」という具体的な発言した段階で、教員は「今日のめあてはどうしますか」と問いかけ、問題を設定させる。

問題：モーターの回る向きは、何によって変わるのだろうか。

| ②予想を立て、予想どおりの時の実験結果を考える。
・モーター、乾電池を記入したカードに予想等を書く。

・予想を立てる時の文章の書き方を真似て書く。 | ②予想させる場合は、実験で何を確かめるかについて明確に意識させるために、モーター、乾電池を記入したカードに予想どおりの時の実験結果も書き込ませる。
・予想を立てる時の文章の書き方を提示する。 |

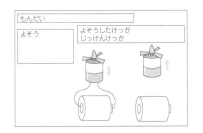

「私は、モーターの回る向きは、乾電池の向きで電気の流れる向きが変わるからだろうと仮説を立てました。風が来る友達の回路と風が来ない自分の回路を比べると、乾電池の向きが逆だったからです。きっと、電気の流れる向きが逆になるからだと思います。もし、仮説があてはまるなら、乾電池の向きを変えると電気の流れる向きが変わるから（原因）、モーターの回る向きも変わる（結果）と考えます」

私は、モーターの回る向きは、□□□によって変わるのだろうと仮説を立てました。もし、仮説があてはまるなら、△△△という結果になると考えました。

・モーターの回る向きを変える原因は何かを考えさせる。

・電気の流れを電流と指導する。

③予想を確かめるために実験方法を計画する。
「乾電池の向きを逆にして、風が逆にふいたら、電流の向きが変わったからだとわかるね」
「3年生の時、電気はプラスからマイナスに流れるから乾電池を逆にすると電流の向きが反対になるのかな。何か電流の向きが見えるものはないかな」
「いい道具があったね。使い方が知りたいね」

③実験方法を計画させる時には、電流の向きを調べる道具の必要性に気付かせた上で、検流計を提示し教科書などを利用して指導する。
・目に見えない電流の向きを調べたいという子どもの発想を大いに賞賛し、電流の向きを調べる検流計があることを知らせる。

「乾電池の向きを変えると、電流が流れる向きが変わった。風の吹く方向も変わった」 「乾電池の向きを変えると、検流計の針が振れる向きが変わるから電流の向きが変わることがわかるね。でも、電流の大きさは同じだね」 「実験結果を学習カードに書き込もう」	・検流計を使いたいという意欲をたかめ、検流計の使い方を教科書や実物を利用して指導する。 ☆検流計は、回路につなぎ、1つの輪となるようにすること。 ☆乾電池だけを検流計につなぐと、ショート回路になり、強い電流が流れ故障の原因となること。 ・検流計の針が振れる向きをかき込むカードが必要な子どもには、記録カードを配布する。 ・時間が余っている子どもには豆電球を与え実験させる。
④学級で実験結果を話し合う。 「乾電池の向きを変えると検流計の針の振れる向きが変わった。だから、電流の向きが変わった。電流の向きが変わると、モーターの回る向きが変わった」	④学級全体での実験結果を共有させる。

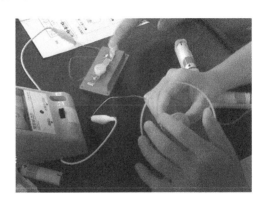

⑤予想の結果と実験結果を比較し、それが同じであったか、異なっていたかをもとに、予想があてはまったかどうかを判断する。 「予想の結果と実験結果を比べると同じだった。だから、予想はあてはまるといえる」 「予想の結果と実験結果を比べてると、違っていた。違っていた原因は、予想があてはまらなかったのかな、実験方法がちがっていたのかな」→（再実験）	⑤考察させる。考察では、予想の結果と実験結果の一致、不一致をもとに、予想や実験方法の妥当性を判断させる。 ・予想の結果と実験結果が一致していれば、予想は妥当であったと判断させる。 ・予想はあてはまるはずなのに、予想の結果と違っていたのは、実験方法が違っていたのかもということに気付かせる。４年生の段階では、どんな実験方法だったのか、やってみて見せてと教員が問いかけてもよい。
⑥結論を見いだす。	⑥「今日の問題は何でしたか」と発問してから、結論付けさせる。

結論：モーターの回る向きは、回路に流れる電流の向きによって変わる。

⑦本時の学習を振り返る。 ・解決できたこと、まだ解決できていないことを書き出す。 「回路に流れる電流の大きさを変える方法を調べたい」	⑦学習の見直しと、今後追究する問題を明確にするため、今日の学習で、何が解決できて、何がまだ解決できていないかを意識させる。

4年生では、主に既習の内容や生活経験を基に、根拠のある予想や仮説を発想するといった問題解決の能力の育成を目指しています。この力を育成するためには、自然の事物・現象同士を関係付けたり、自然の事物・現象と既習の内容や生活経験を関係付けたりすることが大切です。

●予想・仮説を発想する力

予想・仮説を発想する力とは、事象とそれに関係する要因を見いだし関係付ける力です。そのためには、事象を引き起こす要因について具体的に考えることができる事象を提示することが必要です。本学習であれば、事象は風の向きが異なることであり、それを引き起こす要因は乾電池の向きによって変わる電流の向きであることを見いださせます。そして、問題解決の活動を主体的に実現するためには、予想・仮説を立てさせるだけでなく、実験により得られる結果までを考えさせ、可視化する学習が必要となります。このことにより、予想・仮説どおりであれば実験により得られる結果と実験結果の一致・不一致を判断できるようになります。

次に、既習の内容や生活経験を基に、根拠のある予想や仮説を発想させるための教師の発問例を紹介します。

●要因がどのように変化するとどんな違いが起きるのかという原因と結果を意識させます。

| 発問例 | 「AがBに変化する（結果）ためには、何が（を）どのようになれば（すれば）いいと思いますか」 |

「風の向きを変えるためには（結果）、乾電池の向き（要因）を変えればいいと思います」

| 発問例 | 「生活の中でのことや今まで学習したことから理由を考えましょう」 |

「なぜかというと、羽の回り方が違う友達と自分の乾電池の向きが違っていたからです」

●予想・仮説どおりであれば実験により得られる結果までを考えさせます。

　この違いについて、表で示します。

これからの授業	これまでの授業
何で検流計を使うの？	

これからの授業	これまでの授業
予想（既習学習を根拠に）	予想（観察した事実）
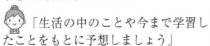「生活の中のことや今まで学習したことをもとに予想しましょう」	「予想してごらん」
「3年生の時、乾電池の＋極から−極へと順に回路を指でなぞり、電気が流れることを学習しました」	「モーターの回る向きは、乾電池の向きが変わるからだろうと考えます。乾電池の向きが違う友達の扇風機は風が来なかったからです」
「風がふくのは電気が流れた時です」	
「電気は乾電池の＋極から回路をつたって−極に流れるから、風のふく向きが変わるのは電気が流れる向きが変わるからかもしれない」	「乾電池の向きが変わると何が変わりますか」
	「風の向きです」
	電流の向きに目が向かないまま、
「何がどうなると確かめられますか」	「乾電池の向きを変えて、検流計を使って実験しましょう」
「回路を流れる電気の流れる向きが見えたらわかります」	「検流計って何？どうして使うの」
「電流が流れる向きが見える道具があったら、乾電池を逆にした時、電気の流れ方が逆になればいい」	↓
↓	予想の結果が見いだせない。
予想の結果までを考えた仮説が設定できる。	

(1) 単元のねらい（小学校学習指導要領（平成29年告示）解説理科編より抜粋；文章中の下線、（ ）内の語句は著者による）

電流がつくる磁力について、電流の大きさ（量的）や向き（関係的）、コイルの巻数（量的）などに着目して、それらの条件を制御（考え方）しながら調べる活動を通して、次の事項を身に付けることができるよう指導する。
ア　次のことを理解するとともに、観察、実験などに関する技能を身に付けること。
(ア) 電流の流れているコイルは、鉄心を磁化する働きがあり、電流の向きが変わると、電磁石の極も変わること。
(イ) 電磁石の強さは、電流の大きさや導線の巻数によって変わること。（指導例）
イ　電流がつくる磁力について追究する中で、電流がつくる磁力の強さに関係する条件についての予想や仮説を基に、解決の方法を発想し、表現すること。（思考力・判断力・表現力）

●指導のポイント

　本単元では、電流により生じる磁力について、それらの共通点・差異点を比較し問題を見いだし、見いだした問題を追究することを通して、電磁石の性質を量的・関係的に捉えることを目指しています。ここで取り上げる（イ）では、鉄心を入れたコイルに電流を流した時の磁力について見いだした問題から、条件を制御した実験を企画し追究して、電流の働きについての考え方を創ります。その際、児童が、3年生の「磁石」の学習、「回路」の学習、4年生の「乾電池の数やつなぎ方を変えると、回路を流れる電流の大きさが変わり、豆電球の明るさやモーターの回り方が変わること」の学習を想起するような助言を行い、これらをもとに仮説を立てさせ、追究をすることを通して、電流の働きについて理解させます。

(2) 指導計画（10時間）

第一次　電磁石をつくろう（2時間）
第二次　電磁石の強さは、何によって変わるのか（4時間）
第三次　電磁石の極は、何によって変わるのか（2時間）
第四次　電磁石の性質を用いたものづくりをしよう（2時間）

(3) 学習指導案（本時案）

本時の目標

　電磁石の強さは、電流の大きさや導線の巻数によって変わることを理解する。

第5章

児童の思考と活動	指導のポイント（見方・考え方）
①問題を見いだす。 ・電磁石Ａ（第一次で自分がつくった電磁石）と電磁石Ｂ（教員がつくった電磁石・乾電池の部分は隠す）を比較する。 「電磁石Ａと電磁石Ｂでは、くっついたクリップの数が違う」 「電磁石Ｂは、電磁石Ａより流れる電流が強いからだと思います。原因①」 「電磁石Ｂは、電磁石Ａよりコイルの巻き数が多いからだと思います。原因②」 「原因①は、電磁石Ａのコイルにたくさん電流を流して電磁石の強さを調べて確かめます」 「原因②は、電磁石Ａの巻き数を増やして電磁石の強さを調べて確かめます」 「電磁石は、流れる電流を大きくしたり、コイルの巻き数を増やしたりすると、強くなるのではないだろうか」 「電磁石の強さは、何によってかわるのかを問題にしたい」	①２つの事象を比較させ、問題を見いだせる。 ・電磁石Ａと電磁石Ｂにクリップがつく数の違いを比較させ、電磁石の強さの違いを見いださせる。 ・くっついたクリップの数の違いに着目させ、その原因について量的な見方を働かせ、４年生「電気の働き（原因①）」や３年生「風とゴムの働き（原因②）」と関係付け考えさせる。 ・原因①②の確かめ方を考えさせる。 ・ここまでの話し合いをもとに、「何」を「どのように」すれば、「どうなるか」を整理させる。（仮説が立てやすくなる） ・子どもが「何を」「どうしたら」という具体的な見通しを発言した段階で、教員は「今日のめあてはどうしますか」と問いかけ、問題を設定させる。

問題：電磁石の強さは何によって変わるのか。

②仮説を立てる。仮説を書く書式を参考にさせ、記入させる。

（仮説①）私は、電磁石の強さは、電流の大きさによって変わるのだろうと仮説を立てました。もし、仮説があてはまるのなら、電流を大きくすると、電磁石の強さも強くなると考えました。

（仮説②）私は、電磁石の強さは、コイルの巻き数によって変わるのだろうと仮説を立てました。もし、仮説があてはまるのなら、コイルの巻き数を変えると、電磁石の強さも変わると考えました。

②結果（電磁石の強さ）と原因（電流）の関係を意識させ仮説を立てさせる。書き方例を示す。

私は、電磁石の強さは、□□（原因）によって変わるのだろうと仮説を立てました。もし、仮説があてはまるなら、□□（原因）を△△にすると○○という結果になると考えました。

・予想や予想どおりの時の実験結果が考えられない子どもには、前学年で学習した乾電池1個と乾電池2個を直列につないだ時の豆電球の明るさやモーターの回る速さの変化を想起させ、電磁石を強さに当てはめて考えさせるようにする（4年の学習）。

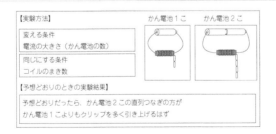

第5章

③仮説を確かめるための実験を計画する。

・仮説①の実験計画

「ア．電流を大きくした時には、電磁石の強さが強くなることを調べる」

「イ．コイルの巻き数を変えずに、乾電池2個を直列つなぎにして電流を大きくすると、電磁石の強さは乾電池1個をつないだ時よりも強くなり、くっつくクリップの数は増えるだろう」

・仮説②の実験計画

「ア．コイルの巻き数を増やした時には、電磁石の強さが強くなることを調べる」

「イ．電磁石に流れる電流の大きさとエナメル線の全体の長さは変えずに、コイルの巻き数だけを増やすと、電磁石の力が強くなり引きつけられるクリップの数は増えるだろう」

・乾電池が新品でない限り、一定の電流を流せないことを話し合う。

「同じ実験を1回よりも3回行った方が正しい結果が得られるね」

「クリップの付け方も決めて実験しないといけないね」

③条件を制御した実験を計画させ、実験結果を記録する。

ア．実験で制御する条件を表に整理し、変える条件と変えない条件とを明確にして実験を構想させる。

イ．仮説どおりだと、どのような実験をすると、どのような結果になっているかを想定させる。

・実験計画を記述させることにより、調べたい条件のみ変えて、その他の条件は変えないという条件制御の能力を身に付けさせる。

・条件制御の視点から、コイルの巻き数だけを変える時、コイル全体の長さは等しくすることに気付かせる。

・3年生、4年生の電気の学習を根拠に、乾電池は消耗等で一定の電流を流しにくいことを想起させ、一定の電流を流すことができるものが必要であることを意識させる。その後、電源装置を提示し、使い方を説明する。

・電流の大きさを測定する必要があることに気付かせ、電流計を提示し、使い方を説明する。

・クリップのつけかたも統一させる。

④実験を実施し、実験結果を話し合う。

・実験結果を表で示す。

仮説①の実験結果の表

電流 ＼ 回	1回目	2回目	3回目	平均
1個分 0.6A	4	3	3	3.3
2個分 1.1A（直列）	5	5	6	5.3

「流れる電流が強いとくっつくクリップの数が多くなったね」

仮説②の実験結果の表

巻き数 ＼ 回	1回目	2回目	3回目	平均
100回	4	3	3	3.3
200回	5	5	6	5.3

「巻き数が多いと、くっつくクリップの数が多くなったね」

④学級で実験結果を共有させる。

・実験結果は表で整理させる。

・各班の仮説①の実験結果の共通点と差異点を話し合わせる。実験結果の数値が極端に異なっている場合があれば、手順等を共有させ、異なる原因を考えさせる。

・各班の仮説②の実験結果の共通点と差異点を話し合わせる。実験結果の数値が極端に異なっている場合があれば、手順等を共有させ、異なる原因を考えさせる。

⑤考察をする。

「仮説①について、予想の結果と実験結果は同じだった。だから、仮説①はあてはまったと言える」

「仮説②について、予想の結果と実験結果は同じだった。だから、仮説②はあてはまったと言える」

⑤考察では、予想の結果と実験結果の一致、不一致という視点で予想や実験方法の妥当性を判断する。

・予想の結果と実験結果が一致していれば、予想は妥当であったと言えることを理解させる。

・予想はあてはまるはずなのに、実験の結果が違っていたのは、実験方法が違っていたのかもということに気付かせる。

結論：電磁石の強さは、電流の大きさやコイルの巻数によって変わる。

⑥問題に対する結論を話し合う。	⑥「今日の問題は何でしたか」と発問してから、結論付けさせる。
⑦今日の学習でわかったこと、まだはっきりとわからないことをまとめる。 「電磁石の強さと鉄芯の太さやエナメル線の太さの関係については分かっていない。次は、これらを調べたい」	⑦学習の見直しと、今後追究する問題を明確にするため、今日の学習で、何が解決できて、何がまだ解決できていないかを意識させる。

4 学習展開の実際　～主に予想や仮説を基に、解決の方法を発想する力～

　5年生では、主に予想や仮説を基に、解決の方法を発想するといった問題解決の能力の育成を目指しています。この力を育成するためには、自然の事物・現象に影響を与えると考える要因を予想し、どの要因が影響を与えるかを調べる際に、これらの条件を制御するといった考え方を用いることが大切です。

●条件を制御した実験を計画する力

　条件制御（調べたい要因だけを変えて、そのほかの要因はそろえた実験）を計画する力を身に付けさせます。ここでは、子どもが、電流の大きさを変える時にはそれ以外の要因を変えないこと、コイルの巻き数を変える時にはそれ以外の要因を変えないことを意識し電磁石の強さを調べる実験計画を企画できるようにします。

●実験結果を予想する力

　仮説が妥当な場合、実験結果がどうなるはずかを考える力を身に付けさせます。例えば、子どもが「電磁石に流れる電流を大きくすれば、電磁石の強さは強くなる」という仮説を立てたならば、「つなぐ乾電池の数を増やし直列つなぎにすると、回路を流れる電流が大きくなるから、電磁石に付くクリップの数が増えるだろう」という具体的な実験結果の予想がもてるように指導します。

ここでは、子どもが実験結果を見通すようになる教師の発問例を紹介します。

●実験結果を見通す（予想する）力

発問例 （仮説1）「『電磁石に流れる電流を大きくすれば、電磁石の強さが強くなる』という自分の仮説の通りだとすれば、どんな実験をしたら、どのような実験結果になるはずですか?」

「コイルの巻き数を変えずに、つなぐ乾電池の数を1つ増やして直列つなぎにすると回路を流れる電流が大きくなるので、電磁石に付くクリップ数が増えるはずです」

発問例 （仮説2）「『コイルの巻き数を増やせば、電磁石の強さが強くなる』という自分の仮説の通りだとすれば、どんな実験をしたら、どのような実験結果になるはずですか?」

「電磁石に流れる電流の大きさを変えずにコイルの巻き数だけを増やすと、それに付くクリップの数が増えるはずです」

> 🕐 条件制御とは
>
> 　「条件制御って何?」と難しく考える子どもがたくさんいます。そんな時、ある子どもがこんな説明をしてくれました。
> 　「条件制御はラーメンの味比べと似ていると思いました。この間、ぼくは、家でラーメンのスープの味比べをしました。ラーメンは、スープ、麺、具が入っています。スープの味対決の時は、スープの味だけ変えて、あとの麺・具は同じにして食べて確かめました。お父さんが、この麺だから、このスープがあうな。違う麺だったら別のスープがあうかも」と言っていました。今度は麺を変えて、スープ・具を同じにして食べてみようと思いました」
> 　子どもはこの説明を聞いた時、「ああっ。そうか。調べたい物だけを変えて、あとはそろえないと、調べたい物の違いがわからなくなるんだ」と納得していました。

6年生「電気の利用」

① 単元のねらい（小学校学習指導要領（平成29年告示）解説理科編より抜粋；文章中の下線、（　）内の語句は著者による）

　発電や蓄電、電気の変換について、<u>電気の量や働き</u>（量的・関係的）に着目して、それらを多面的（考え方）に調べる活動を通して、次の事項を身に付けることができるよう指導する。
ア　次のことを理解するとともに、観察、実験などに関する技能を身に付けること。
(ア) 電気は、つくりだしたり蓄えたりすることができること。
(イ) 電気は、光、音、熱、運動などに変換することができること。
(ウ) <u>身の回りには、電気の性質や働きを利用した道具があること。</u>（指導例）
イ　電気の性質や働きについて追究する中で、電気の量と働きとの関係、発電や蓄電、電気の変換について、<u>より妥当な考えをつくりだし、表現すること。</u>（思考力・判断力・表現力）

●指導のポイント

　本単元では、発電や蓄電、電気の変換、電気の利用について理解することを目的としています。発電や蓄電は、身近な道具として見られる災害用手回し発電ラジオや自転車のライトなどと関連させることができます。手回し発電機を提示し、モーターの回転により電気はつくられることを捉えさせたり、ゲーム機や携帯電話などに付属している充電器などと関連させたりしながらコンデンサーを提示し、電気は蓄えられることを理解させたりします。また、電気の変換については、これまで学習してきた豆電球の点灯や電子オルゴールが音を出したり、電気ストーブなどは電気によって発熱したりすることを示し、電気が様々な形になって変換されていることを考えさせます。

　電気の利用については、効率化、有効利用という観点からプログラミング教育と関連した学習を展開し、省エネルギーと生活を関連付けて捉えさせます。

　小学校における「プログラミング教育」のねらいは、第1部でも示しましたが以下のように記されています。

①身近な生活でコンピュータが活用されていることや、問題の解決には必要な手順があることに気付くこと（知識・技能）

②「プログラミング的思考」を育成すること（思考力・判断力・表現力等）

③コンピュータの働きを、よりよい人生や社会づくりに生かそうとする態度を涵

養すること（学びに向かう力・人間性等）

という3つの資質・能力として示されています。

　実施に際しては、

④学習上の必要性や学習内容との関連付けを考えて、プログラミング教育を行う単元を位置付けること。ここで取り扱うプログラミングとは、論理的思考力の育成を目指しています。プログラミングで育成できる論理的思考力とは、具体物の機能・役割を明確にして、それらを分解し、問題を解決するために順序立ててつなぎなおす力であると考えます。

　ここでは、日常生活における「センサーを活用したプログラミング」を取り上げた電気の利用について紹介します。

⑵ 指導計画（11時間）

第一次　電気をつくったり、ためたりすることはできるのか（2時間）

第二次　明かりがつく時間は何が関係するのか（3時間）

第三次　身の回りにある電気を利用した道具は、電気のどんな性質や働きを使っているのだろうか（2時間）

第四次　どうすれば電気の効率的な利用ができるのか（4時間（本時））

⑶ 学習指導案（本時案）

本時の目標

　センサーを用いて、電気の流れを自動的に制御することにより、電気を効率よく使うことができることを理解する。

児童の思考と活動	指導のポイント（見方・考え方）
①問題を見いだす。 ・身近な生活の中で使われている様々なセンサーやそれらを利用した製品について発表する。 ・様々なセンサーを利用した製品を試してみよう。 「センサーを使うと、電気の付けっぱなしを防ぐことができるね」	①照度センサー、タッチセンサー、温度センサー、人感センサーなどに気づかせ、電気利用の効率化の観点で問題を見いださせる。 ・センサーがスイッチとなり、電流をコントロールできることから（量的・関係的）、効率的に電気を使えることを体験させる。
問題：豆電球を必要な時に点灯させ電気を効率的に使えるように、センサーを使ってプログラミングをしてみよう。	
「明かりを付けるために必要なものは電池、導線、豆電球だね」 「電池は電気のエネルギー、導線は電気エネルギーを送るもの、豆電球は電気を光に変えるものだね」	・必要な構成要素を明らかにさせる。 ・各構成要素の役割とつながりを明確にさせる。目的を変更した場合でも、変更すべき構成要素がどの部分であるかを理解させるため、 「乾電池の役割は？」 「導線の役割は？」 「豆電球の役割は？」 などを問いかける。

②予想を立てる。 ・ペア活動で、プログラムを予想する。 ・予想を発表し、全体で共有する。 予想 「照度センサーを使うと、『暗い時に、豆電球が光る』ようになるだろう」 ・（照度センサー）を使う。 ・もし、（周りが暗く）なったら、電流を（流して電気をつける）。 ・もし、（周りが暗く）なければ、電流を（止めて電気を消す）。	②論理的思考力を育成するために、役割を分解させ、目的に応じて順序立て、可視化させる。 ・目的を達成させるための役割の順次処理や繰り返し、条件分岐について、相手に説明ができるようにワークシート記録させる。 教員が用意するもの ・次の内容を記述したワークシート ☆使うセンサーは何か。 ☆「もし・・・だったら××にする」という考えを記述させる。 ・（照度センサー）を使う。 ・もし、（周りが暗く）なったら、電流を（流して電気をつける）。 ・もし、（周りが暗く）なければ、電流を（止めて電気を消す）。
③予想をもとに、プログラミングを行い動作させる。 	③スクラッチ（小学生でも簡単にプログラミングができるソフト）を使って、ペアでプログラミングを試みさせる。 ・照度センサーで表示される数値に着目させ、その数値によって結果が変わることを理解させる。

第5章

④自分達のプログラムの結果を発表し、気づいたことを話し合う。 「センサーがスイッチになって電流が流れたり、流れなかったりするから電気が必要な時だけ利用できる」 「センサーを使うと、省エネルギーの節約ができるね」	④センサーの働きの重要性に気付かせる。 ・センサーを使うことで、回路に流れる電流を制御できるため電気を効率的に使えたことを確認させる。
⑤問題に対する結論を話し合う。	⑤「今日の問題は何でしたか」と発問してから、結論付けさせる。
結論：照度センサーを使って回路に流れる電流をコントロールするプログラミングつくると、豆電球を必要な時に点灯させ電気を効率的に使うことができる。	
⑥今日の学習でわかったこと、まだはっきりとわからないことをまとめる。 「自動ドアは人感センサーかな？やってみたいな」	⑥学習の見直しと、今後追究する問題を明確にするため、今日の学習で、何が解決できて、何がまだ解決できていないかを意識させる。

⑷学習展開の実際〜「プログラミング的思考」を育成すること〜

●目的を設定する力

　子どもがプログラミングを行う必要性を自覚した上で、目的を設定することが重要です。ここでは、子どもに、電気は有限であることを理解させ、「エネルギー資源の有効利用のために、電気をもっと効率的に使いたい」という目的を設定させます。

●論理的に解決する力

　子どもは、プログラミングを行うことにより、問題を解決するため、どんな機能を、どの順番で用いるのかについて論理的に考えるようになります。ここでは、問題を解決するために必要なセンサーを用い、豆電球の点灯を制御するプログラ

ミングを行います。この学習では、より妥当なプログラムについて友達と話し合い改善する活動を通して、より妥当な考えをつくり出す力が身につくようになります。

　次に、本学習で論理的に考える力を育成するための教師の発問例を紹介します。

●問題を設定させます。

発問例　「みなさんは、電気をどのように使いたいですか」

😊「電気を効率よく利用したい」

発問例　「（昼間も明かりがつきっぱなしの写真）を見せて、どうすれば、明かりの消し忘れを防ぐことができますか」

😊「明るい時には明かりが消えて、暗くなったら明かりがつくようにすればいい」

●論理的に説明することを考えさせます。

発問例　「何を使って、どんな時に、どうなればいいですか。ここ（グレーの枠内）に予想をかき込んで友達に説明しましょう」

・（　　　　　　　　　）を使う。
・もし、（　　　　　　）なったら、電流を（　　　　　　）。
・もし、（　　　　　　）なければ、電流を（　　　　　　）。

😊「（照度センサー）を使う。
　　もし、（周りが暗く）なったら、電流を（流して電気をつける）。
　　もし、（周りが暗く）なければ、電流を（止めて電気を消す）」

発問例　「かき込んだ予想をもとに、プログラミングをしてみましょう」

5.2　粒子領域を教えるコツ

　粒子領域では、子どもが主に「質的・実体的」な見方を働かせて、事象を捉えられるようにすることが重要です。そのためには、どんな場面で、どのように指導していくとよいのでしょうか。子どもが見方・考え方を働かせて主体的に問題解決に取り組むことができるよう、指導を工夫していきましょう。

　例えば、3年生の「物と重さ（形と重さ）」では、物質の形は変化しても重さは変化しないことを通して、物質は重さとして存在すること、重さは保存されることを捉えさせます。4年生の「空気と水の性質（空気の圧縮）」では、見えない空気の手応えを感じさせることにより実体として捉えさせます。5年生の「物の溶け方（質量の保存）」では、外界からの出入りがなければ見かけの形状などを変化させても、物質の重さは変化しないことを捉えさせます。6年生の「燃焼の仕組み」では、酸素や二酸化炭素という質的に異なる気体が存在すること、「水溶液の性質（金属を変化させる水溶液）」では、金属の性質を変化させる水溶液が存在することを捉えさせるようにします。

　ここでは、5年生「物の溶け方（質量の保存）」を取り扱い、紹介します。

3年生の（1）物の重さ「(ア) 物は、形が変わっても重さは変わらないこと」
を学習した子どもがおせんべいで確かめた結果を報告したメモ

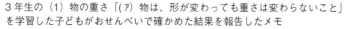

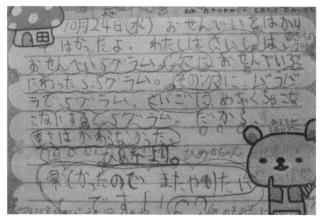

5 年生「物の溶け方」

（小学校学習指導要領（平成 29 年告示）解説理科編より抜粋；文章中の下線、（　）内の語句は著者による）

> 　物の溶け方について、溶ける量や様子（質的・実体的）に着目して、水の温度や量などの条件を制御（考え方）しながら調べる活動を通して、次の事項を身に付けることができるよう指導する。
> ア　次のことを理解するとともに、観察、実験などに関する技能を身に付けること。
> (ア) 物が水に溶けても、水と物とを合わせた重さは変わらないこと。(指導例)
> (イ) 物が水に溶ける量には、限度があること。
> (ウ) 物が水に溶ける量は水の温度や量、溶ける物によって違うこと。また、この性質を利用して、溶けている物を取り出すことができること。
> イ　物の溶け方について追究する中で、物の溶け方の規則性についての予想や仮説を基に、解決の方法を発想し、表現すること。(思考力・表現力・判断力)

●指導のポイント

　本単元の「(ア) 物が水に溶けても、水と物とを合わせた重さは変わらないこと」の学習では、3 年生の学習内容「物質の形は変化しても重さは変化しないこと」と、4 年生の学習内容「見えない物質でも実体として存在すること」と関連付け、溶けて見えなくなっても物質は存在し、質量として保存されることを捉えさせます。

第一次　物が水に溶ける時に限界はあるのだろうか（5 時間）

第二次　食塩やミョウバンは、水の量や水の温度が変わっても同じ量が溶けるのだろうか（6 時間）

第三次　物を水に溶かす前と溶かした後の重さに違いはあるのだろうか（3 時間本時）

本時の目標

　物が水に溶けても、水と物とを合わせた重さは変わらないことを理解する。

児童の思考と活動	指導のポイント（見方・考え方）
①問題を見いだす。 ・食塩を溶かし、水に溶けた食塩はどうなったかについて話し合わせる。  「水に溶けた食塩は、空気のように目に見えなくなったけれど、あると思います。理由は、溶けた食塩は取り出せたからです」 「3年生の時、物は形を変えても重さは変わらないことを学習しました。今度は、水に食塩が溶けると見えなくなるけれど味がするから溶けた食塩の重さは変わらないのかなと思います」	①水に溶けて目に見えなくなった食塩を既習の知識をもとに、質的・実体的に捉えさせる。 ・4年生の物は見えなくても存在すること（実体的な見方）、本単元第二次で水に溶けた食塩を取り出すことができたこと（質的【可逆的】な見方）を想起させるため、「水に溶けた食塩はどうなったのだろう」と発問する。 ・実体的な見方を働かせるため、考えと既習を根拠にした理由をセットで発言させるようにする。

問題：食塩を水に溶かす前と溶かした後の重さに違いはあるのだろうか

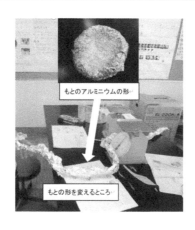

②予想を立てる。

予想1：「食塩はあるけれど、見えなくなったから、重さは軽くなるだろう。10gの食塩を水に溶かすと、10gよりも重さは軽くなるだろう。3年生の時、ものの形を変えても重さは変わらなかった。でも、それは、形が見えていたから。今度は見えないから軽くなると思う」

予想2：「見えなくなっても、重さは変わらないと思う。10gの食塩を水に溶かすと、10gのままだろう。3年生で、ものの形を変えても重さは変わらないことを学習したから」

②溶かす前と後の水溶液全体の重さの変化について質的・実体的な見方を働かせ予想や仮説をもたせるようにする。

・質的（取り出した固体は水に溶けていた物と同じ）

・実体的（目には見えないけれど、存在している）

・予想と予想どおりの時の実験結果を考えさせる。

予想	予想どおりの時の実験結果	実験結果
全体の重さは軽くなる	水の重さ＋10gより軽い	
全体の重さは重くなる	水の重さ＋10gより思い	
全体の重さは変わらない	水の重さ＋10gより同じ	

③実験方法を計画する。

「3年生の時のように電子天秤を使い、食塩を水に溶かす前、全部溶かした時の重さを比べよう」

「3年生の時、重さを比べた時、粘土やアルミニウムがこぼれないように注意したね。元の粘土やアルミニウムの形を変えた時、ちょっとでもこぼれて計れなかったら結果はきちんと出なかったからね」

「予想の結果と実験結果が比べられるように、表に記録しよう」

③もとの形の重さともとの形を変形させた時のものの重さを比べた実験方法を想起させる（3年生履修）。

・「3年生で実験した時、困った事はなかったかな」と何かを加えたり、差し引いたりしない限り、重さに変化はおこらないという体験を想起させる。

④予想の結果を確かめるために実験して結果を発表しよう。

・実験結果を書き込み発表する。

食塩水の重さの結果

④実験させ、実験結果を表に書き込ませる。

・予想の結果と、実験結果を比較し、一致・不一致がわかるように黒板に貼り付けた表に記入させる。

	溶かす前			溶かした後		考察
				予想の結果	実験結果	予想の結果と実験結果の一致（○）不一致（×）
	水の重さ	食塩の重さ	食塩＋水の重さ	食塩水の重さ	食塩水の重さ	
予想1	100g	5g	105g	105gより軽い	105g	
予想2	50g	2g	52g	52gと同じ	52g	

⑤予想の結果と実験結果を比較し考察しよう。

⑤予想の結果と実験結果の一致、不一致を確かめさせ、予想や実験方法の妥当性を判断させる。

	溶かす前			溶かした後		考察
				予想の結果	実験結果	予想の結果と実験結果の一致（○）不一致（×）
	水の重さ	食塩の重さ	食塩＋水の重さ	食塩水の重さ	食塩水の重さ	
予想1	100g	5g	105g	105gより軽い	105g	×
予想2	50g	2g	52g	52gと同じ	52g	○

「予想1は予想の結果と実験結果が違っていた。実験方法は、食塩を水に溶かす前の重さを計り、水が外に飛び散らないふた付き棒びんを使って食塩を溶かした後の重さを計った。実験方法は、予想2の実験方法と同じだった」
「再実験したら、予想1が違っていたことがわかった」
「予想2は予想の結果と実験結果は同じだった。実験方法は、予想1の実験方法と同じだった」

・予想の結果と実験結果が一致していなければ、予想自体が違うのか、実験方法が違っていたのかを考えさせ、再実験させる。

・予想の結果と実験結果が一致していれば、予想は妥当であったといえることを理解させる。

⑥結論を見いだす。	⑥「今日の問題は何でしたか」と発問してから、結論付けさせる。 ・今日の学習から、何が解決できたのか。
結論：食塩を水に溶かす前と溶かした後の重さは変わらない。	
⑦本時の学習を振り返る。 「まだ調べていないことは、食塩が水に溶ける途中の重さです。溶け残りがある状態で、重さを計り、食塩を溶かす前の重さと比べたいです」	⑦学習の見直しと、今後追究する問題を明確にするため、「今日の学習で、何がまだ解決できていない事は何か」と問う。

⑷学習展開の実際　～予想や仮説を基に、解決の方法を発想する力～

●既習をもとに予想や仮説を発想する力

　本学習では、3年生の既習内容である「見かけなどを変化させても、物質量は変化しないこと」を想起させ、電子天秤を使い、物質を溶かす前と溶かした後の量を計測し比較する実験方法を発想させるようにします。そのため、教員は、「今まで学習したことで似ていることはないかな」と発問します。

●条件制御し予想を確かめる実験方法を発想する力

　条件制御とは、事象を引き起こしていると予想される要因だけを変化させ、他の要因は変化させずそろえた観察や実験を行い、結果に大きな違いが生じたなら、変化させた要因が事象を引き起こす原因であると判断する考え方です。この時大切なのは、変化させない要因を何にし、どのようにそろえていくかを具体的に考えさせることです（p.152参照）。条件制御の考え方を働かせない子どもは、変化させない要因に着目せず、変化させた要因のみに着目し実験を行い、結果に変化が生じると予想は妥当だったと誤った判断をすることがあります。本実験では、変化させる要因は食塩を溶かすかどうか、変化させない要因は測定方法です。子どもは、変化させる要因である溶かす前の食塩と溶かした後の食塩には着目しますが、変化させない要因（測定方法）には着目しにくい児童がいます。そこで教員は、「どんなふうに測定するの」と問いかけ、測定方法を具体的に考えさせる発問をします。

5.3　生命領域を教えるコツ

　生命領域では、子どもが主に「共通性・多様性」の見方を働かせて、事象を捉えられるようにすることが重要です。そのためには、どんな場面で、どのように指導していくとよいのでしょうか。子どもが見方・考え方を働かせて主体的に問題解決に取り組むことができるよう、指導を工夫していきましょう。

　生物は様々な特徴をもっています。3年生の「身の回りの生物（植物の体のつくり）」では、子どもが、それぞれの生物がもっている外側のつくり（構造）を比べ、分類する活動を通して、「生物の外部のつくり」についての基礎的な概念を獲得していきます。学習後、子どもは、初めて見る植物や動物であっても、共通性・多様性の見方を働かせ、その生物の種類を推察しようとするようになります。

　6年生では、3年生で学習した植物の体のつくり（外部の構造）の共通性・多様性を踏まえながら、植物の体のつくり（内部の構造）に目を向け、多面的に調べていきます。

　ここでは、3年生の「身の回りの生物（植物の体のつくり）」、6年生の「植物の養分と水の通り道」を取り扱い、紹介します。

(1) 単元のねらい（小学校学習指導要領（平成 29 年告示）解説理科編より抜粋；文章中の下線、（ ）内の語句は著者による）

　身の回りの生物について、探したり育てたりする中で、それらの様子や周辺の環境、<u>成長の過程や体のつくり</u>（共通性・多様性）に着目して、それらを<u>比較</u>（考え方）しながら調べる活動を通して、次の事項を身に付けることができるよう指導する。

ア　次のことを理解するとともに、観察、実験などに関する技能を身に付けること。

(ア) 生物は、色、形、大きさなど、姿に違いがあること。また、周辺の環境と関わって生きていること。

(イ) 昆虫の育ち方には一定の順序があること。また、成虫の体は頭、胸及び腹からできていること。

(ウ) 植物の育ち方には一定の順序があること。<u>また、その体は根、茎及び葉からできていること</u>。（指導例）

イ　身の回りの生物の様子について追究する中で、差異点や共通点を基に、身の回りの生物と環境との関わり、昆虫や植物の成長のきまりや体のつくりについての<u>問題を見いだし、表現すること</u>。（思考力・判断力・表現力）

● 指導のポイント

　本単元の「(ウ) 植物の育ち方には一定の順序があること（共通性）。また、その体は根、茎及び葉からできていること（共通性）」では、ねらいを達成するため、複数の植物を教材として、体のつくりを観察させ、それらを比較し分類して調べる学習計画を立てます。

(2) 指導計画（14 時間）

第一次　植物の育ち方には、どのようなきまりがあるのだろうか（6 時間）

第二次　植物の体のつくりには、どのようなきまりがあるのだろうか（本時 2 時間）

第三次　植物の育ち方についてまとめよう（6 時間）

(3) 学習指導案（本時案）

本時の目標

　自分が育てている植物とその他の植物の体のつくりを比較し、植物によって体の色や形、大きさなどは違うが、どの植物の体も、根・茎・葉からできていることを理解する。

第５章

児童の思考と活動	指導のポイント（見方・考え方）
①問題を見いだす。 ・前時、自分が育てている植物の体のつくりを観察して発見したことをもとに、他の植物の体のつくりに関する問題を見いだす。 「ホウセンカとヒマワリは、根・茎・葉からできていました。どの植物の体も、同じように、根・茎・葉からできているのかを調べたいです」	①生活科で育てた植物や家で育てている植物の体のつくりもそうなのだろうかという問題を見いだせるように、前時で発見した植物の体のつくりの共通性・多様性を元に、その他の植物にもあてはまるのかについて話し合わせる。 「前の時間、みなさんが育てているホウセンカとヒマワリの体のつくりを観察してわかったことと、まだわからなかったことは何でしたか」

問題：どの植物の体も、根・茎・葉からできているのだろうか。

②予想を立てる。 「自分が育てている植物の体は、根・茎・葉からできていたから、他の植物の体も根・茎・葉からできているだろう」 「私は、ミニトマトを調べよう」 「ぼくは、キュウリを調べよう」 「私は、校庭の草を調べよう」 	②自分が育てている植物の体のつくりをもとに、他の植物の体のつくりを予想させる。 ・他の植物は、生活科で育てたことがある植物や家で育てている植物、あるいは雑草等を取り扱う。 ・ミニトマトやキュウリは、観察後植えて元に戻すようにさせる。

③いろいろな植物の体のつくりを調べよう。

・観察しやすいように、植物を台紙に並べて貼り付ける。

「ホウセンカ・ヒマワリの体には、根・茎・葉があった」

「サルビア・オシロイバナ・タンポポ・ヒメジョオンに根・茎・葉があるのは同じ」

「違うところは、タンポポ・ヒメジョオンには花がある」

「ホウセンカ・ヒマワリの葉の形や背の高さ・根の形は違っていた。サルビア・オシロイバナ・タンポポ・ヒメジョオンの葉の形や背の高さ・根の形は違っていた」

③観察ができるよう、根についている土を払った植物を貼り付ける台紙を用意しておく。台紙は植物の大きさに応じて与える。

・前時のホウセンカ・ヒマワリの体のつくりをもとに、観察する植物の体のつくりの共通点・差異点を調べるようにさせる。

・「見つけてきた植物全部に共通している部分は何ですか」

・「植物によってあったり無かったりする部分は何ですか」

・植物の体の特徴を視覚的に整理できるよう「見つけてきた植物全部に共通している部分を線でつなぎましょう」と指示する。

④結果を発表しよう。

「根・茎・葉は全部の植物の体にありました。根は茶色の線で結びました。葉は黄色の線で結びました。茎は赤い線で結びました」

「葉の形や茎の太さ、根の形は全部違っていました」

「花は全部の植物にはありませんでした」

④共通性を意識させるため、全部の植物に共通するものは線でつなぎ、説明させる。

第5章

⑤予想の結果と実験結果を比較し考察しよう。 「予想と結果は同じでした。自分が育てている植物の体のつくりも、今日観察した植物の体のつくりも根・茎・葉からできていたからです」 「根・茎・葉の形や大きさは違っていたからです」	⑤予想の結果と実験結果の一致、不一致を判断させる。
⑥結論を見いだす。	⑥「今日の問題は何でしたか」と発問してから、結論付けさせる。
結論：どの植物の体も、いつも根・茎・葉からできている。	
⑦本時の学習を振り返る。 「どの植物もいつも根・茎・葉はあった。けれど花は違った」 「今はないけど、花は咲くのかな」	⑦学習の見直しと、今後追究する問題を明確にするため、「今日の学習で、何がまだ解決できていない事は何か」と問う。

4 学習展開の実際～差異点や共通点を基に、問題を見いだす力～

●差異点や共通点を基に、問題を見いだす力

　子どもが問題を見いだすのは、複数の事象を比較し、それらの違いに気付いた時や、自分たちが見いだした自然の事物・現象のきまりが一般的であるかどうかを調べたくなった時です。

　本学習は後者に相当します。子どもが、自分たちの見つけたきまりと調べた結果を比較し、問題を見いだすように指導します。

●観察した事象を比較分類する力

　虫眼鏡などの器具を適切に使って、複数の植物の体のつくりを並べて比較・観察させ、共通点・差異点を基にして、植物の体のつくりの共通性・多様性を見いださせます。

発問のポイント

子どもに生物の共通性・多様性を見いださせるためには

◎ OK 発問	× NG 発問
「自分が育てている植物とその他の植物の体のつくりで同じところはどこですか。違うところはどこですか」	「観察してください」

◎のように、何を観察するのか、観察の観点を明確にすることが大切です。

第5章

6年生「植物の養分と水の通り道」

(1)単元のねらい（小学校学習指導要領（平成29年告示）解説理科編より抜粋；文章中の下線、（　）内の語句は著者による）

> 　植物について、その体のつくり、**体内の水などの行方及び葉で養分をつくる働き**（共通性）に着目して、生命を維持する働きを多面的（考え方）に調べる活動を通して、次の事項を身に付けることができるよう指導する。
> ア　次のことを理解するとともに、観察、実験などに関する技能を身に付けること。
> (ア) 植物の葉に日光が当たるとでんぷんができること。
> (イ) **根、茎及び葉には、水の通り道があり**（指導例）、根から吸い上げられた水は主に葉から蒸散により排出されること。
> イ　植物の体のつくりと働きについて追究する中で、体のつくり、体内の水などの行方及び葉で養分をつくる働きについて、**より妥当な考えをつくりだし、表現すること。**（思考力・判断力・表現力）

●指導のポイント

　本学習「(イ) 根、茎及び葉には、水の通り道があり、根から吸い上げられた水は主に葉から蒸散により排出されること」では、複数の植物の内側の水の通り道を比較し、それらの共通点・差異点を見つけ分類します。その結果、「どの植物も、茎の中には決まった水の通り道がある」という共通性と「植物により水の通り道の位置は異なっている」という多様性を見いだします。そして、これらは、動物の内側の体のつくりとも共通していることを理解します。

(2)指導計画（10時間）

第一次　植物はどのようにしてデンプンをつくるのだろうか（4時間）
第二次　根から取り入れられた水は、植物の体のどこを通ってどこへ運ばれていくのだろうか（本時3時間）
第三次　根から取り入れられた水はどこから排出されるのだろうか（3時間）

(3)学習指導案（本時案）

本時の目標

　植物の体内の水の通り道に興味をもち、植物に着色した水を吸わせる実験を通して、植物の体内には水の通り道があることを理解する。

児童の思考と活動	指導のポイント（見方・考え方）
①問題を見いだす。 ・しおれた植物に水を与えると、しばらくして植物が元気になることを確認し、変化の原因は何かを話し合う。 「植物の体が元気になる前後の違いは水をやったかやらなかったかです。だから水が原因だと思います」 「植物は動物と違って、根から水を取り入れたと思うけれど、どこを通って、葉の先まで届いたのだろう」	①しおれた植物に水を与える前と与えた後の植物の変化を比較させ、問題を見いださせる。 **「何が原因で、しおれた植物の体が元気になりましたか」**

問題：植物の根から取り入れられた水は、植物の体のどこを通って、どこにはこばれていくのだろうか。	
②予想を立てる。 「動物も、水がないと生きていけません。水は食べ物と一緒に口・胃・小腸・大腸を通って体全体をめぐっています。そして、尿や汗として出ていきます」 「しおれた植物に水をやると体全体が元気になったので、水の通り道は根から動物のように体全体に広がっていると思います」 「動物は、水を尿や汗として出しているけれど、植物はどうしているんだろう。水をだしている所はみたことがない」 「植物も、動物の体の中のように水の通り道が体の中にあるだろう」	②「今まで学習したことと似ていることは何かな？」とたずね、生活経験や動物の体のつくりと働きで学習したことと関係付けて予想させる。

③予想を確かめるための実験方法を計画しよう。 「水は透明で見えないけれど、水に色を付けたら、植物の体の中のどこを通っているかがわかりやすい」 「色水を吸わせた植物の茎や葉を切って、水の通り道をスケッチしよう」 「縦切り・横切りで確かめよう」	③ホウセンカ・セロリ・大根等複数の植物を用意し、観察させる。 ・水を着色させる着色料は赤インクや切り花着色材が適している。
④いろいろな植物の体の内側の水の通り道を調べよう。 ・観察しやすいように、植物の横切り・縦切りの結果をスケッチする。 	④実験では、観察する植物の体のつくりの共通点・差異点に着目させるため、植物ごとに観察カードに記録させる。 ・「全部に共通している部分は何ですか」 ・「植物によって違っている部分は何ですか」
⑤結果を発表しよう。 「根・茎・葉には、どれにも水の通り道がありました」 「植物によって、水の通り道は決まっているようでした」	⑤結果を発表させる。

大根やセロリは水の通り道を観察しやすい植物です。

⑥予想の結果と実験結果を比較し考察しよう。

「予想と結果は同じでした。植物も、動物の体の中のように水の通り道が体の中にありました」

「植物に吸わせた色水の色が同じだと、本当に通り道が決まっているとは言えないよね」

「もし、違った色水を吸わせて、その通り道を調べたら、水の通り道が決まっているはずだよね」

「茎を裂いて、赤と青の色水につけて、茎を縦に切って確かめてみよう」

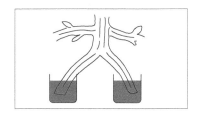

「赤色の水は左の方に染まって、青の水は右の方に染まると決まった道があるといえるね」

⑦追加実験でわかったことを話し合おう。

「予想の結果と実験結果は同じだった。水の色を変えると、吸った場所から上に植物の通り道が決まっていることがわかった」

⑥予想の結果と実験結果の一致、不一致を確かめさせ、予想や実験方法の妥当性を判断させる。

・この時、より妥当な考えを見いだすためには、多面的な実験をする必要があることに気付かせる。そこで、「複数の植物に単色の色水を吸わせた実験だけで、水が通る決まった道があると言えますか」と発問する。

「どんな実験をしたらいいですか」

・予想通りだった時の実験結果を話し合わせる。

⑦複数の実験方法で多面的に確かめさせ、わかったことを話し合わせる。

第5章

⑧結論を見いだす。	⑧「今日の問題は何でしたか」と発問してから、結論付けさせる。

結論：植物の根から取り入れられた水は、決まった通り道を通って、体全体に運ばれる。

⑨本時の学習を振り返る。 「今日の学習でわかったことは、『植物は水の通り道があり、水を体全体に運ぶこと』でした」 「今日の学習でまだ分からなかったことは、『水が運ばれ続けると、植物の体は水でいっぱいになる。しおれることは、水がなくなるということだ。運ばれた水はどこから出されているのだろうか』です」	⑨学習の見直しと、今後追究する問題を明確にするため、「今日の学習で、何がまだ解決できていない事は何ですか」と問う。

⑷ 学習展開の実際　〜より妥当な考えをつくる力〜

●多面的な考え方を働かせ予想しようとする力

　6年生では、事象とそれに関連する要因との関係をいろいろな側面から検討します。予想を立てる場面では、3年生で学習した植物の外側のつくりには共通性・多様性があることを想起させ、植物の内側のつくりを予想させるようにします。また、6年生の既習内容である「人の体のつくりと働き」を想起させ、予想させるようにします。

●多面的に調べ、妥当な考えをつくる力

　本実験では、複数の植物に色水を吸わせ、その植物の根・茎・葉の断面のどこが染まっているかを観察し、共通している特徴を見つけます。この実験結果から、子どもは「根から取り入れられた水は、決まった通り道を通って体全体に運ばれる」という結論を出しがちです。しかし、本当にこれでいいのでしょうか。子ど

もに多面的に調べさせるためには、教員が、「植物に一色の色水を吸わせる実験方法で本当に『決まった通り道がある』と言えるのか」と発問することが必要です。これにより、子どもは実験が不足していることを気付くことができます。また、実験方法も発想できます。その結果、子どもはより妥当な考えをつくりだすためには、一つの実験方法から得た結果だけでなく、目的に応じた多面的な実験方法による結果を検討する必要があることを実感します。

💡 発問のポイント 💡

子どもにより妥当な考えをつくらせるためには

◎ OK 発問	× NG 発問
「その実験だけで本当に『〇〇』と言えますか？」	「どのように思いますか？」

◎のような問いかけが必要となります。

茎を割り、異なる色水に白いあじさいをつけてみよう

第5章

5.4　地球領域を教えるコツ

　地球領域では、子どもが主に「時間的・空間的」な見方を働かせて、事象を捉えるようにすることが重要です。そのためには、どんな場面で、どのように指導していくとよいのでしょうか。子どもが理科の見方・考え方を働かせて主体的に問題解決に取り組むことができるよう、指導を工夫していきましょう。

　地球領域の学習では、子どもが観察した身の回りの現在の事象を基準として、将来及び過去の事象の変化について空間的・時間的な見方を働かせながら問題解決を図っていきます。例えば、観察した事象は、観察点からどの範囲にまで広がっているのか（空間的な見方）、事象の変化は観察時から将来に向けても起きるのか（時間的な見方）、あるいは観察時以前の過去にも起きていたのか（時間的な見方）等について、観察や観測を通して把握していくことを目指しています。そのため、学習では、「比較・観察が可能な事象」「関連性をもつ事象」「変化を読み取ることが可能な事象」を取り扱います。

　ここでは、4年生の「雨水の行方と地面の様子」の実践例を紹介します。

4年生「雨水の行方と地面の様子」

(1) 単元のねらい（小学校学習指導要領（平成29年告示）解説理科編より抜粋；文章中の下線、（　）内の語句は著者による）

> 　雨水の行方と地面の様子について、<u>流れ方やしみ込み方</u>（時間的・空間的）に着目して、それらと地面の傾きや土の粒の大きさとを<u>関係付け</u>（考え方）て調べる活動を通して、次の事項を身に付けることができるよう指導する。
> ア　次のことを理解するとともに、観察、実験などに関する技能を身に付けること。
> (ア)<u>水は、高い場所から低い場所へと流れて集まること。</u>（指導例）
> (イ) 水のしみ込み方は、土の粒の大きさによって違いがあること。
> イ　雨水の行方と地面の様子について追究する中で、既習の内容や生活経験を基に、雨水の流れ方やしみ込み方と地面の傾きや土の粒の大きさとの関係について、<u>根拠のある予想や仮説を発想し、表現すること。</u>（思考力・表現力・判断力）

●指導のポイント

　本単元「(ア) 水は、高い場所から低い場所へと流れて集まること」では、降雨時あるいは降雨後、運動場の端の様子や川のように筋ができている様子、水たまりのできている場所とできていない場所を観察し、それらの場所と水の流れ方・たまり方を関係付けて問題を設定します。子どもが空間的・時間的な見方を働かせ観察結果を説明できるよう、観察場所の絵地図を配布し観察したことを記録させるようにします。

(2) 指導計画（5時間）

第一次　水の流れ方の違いは何が関係しているのか（本時2時間）
第二次　水のたまり方の違いは何が関係しているのか（2時間）
第三次　地面や水は私たちのくらしとどんな関係があるのだろうか（1時間）

(3) 学習指導案（本時案）

本時の目標

　水は、地面の傾きにより、高い場所から低い場所へと流れて集まることを理解する。

児童の思考と活動	指導のポイント（見方・考え方）
①問題を見いだす。 ・晴れの日の運動場の地面と雨の日の運動場の地面、もしくは雨上がりの運動場の地面の違いを話し合った後、降雨時あるいは降雨後の運動場の地面を観察する。 「水たまりがある」 「水の筋が運動場のまん中から外に向かって流れている」 「野球部のピッチャーマウンドのところは水がたまっていない」 「ブランコの下に水たまりができている」 「水は運動場の端の側溝に流れ込んでいる」 「運動場全部が水浸しと思っていたけど、違っていたね」 「もしかして、運動場の地面は傾いているのかな」	①雨の日の水たまりや地面を筋のようにながれる水の様子を観察させ、雨水マップ（観察場所の絵地図）に観察結果を記入させる。これをもとに、気付いたことを話し合わせる。  ・第二次につなげるため、砂場には水がたまっていないことを観察させる。

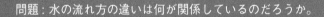

問題：水の流れ方の違いは何が関係しているのだろうか。

②生活経験を根拠に予想を立て、予想どおりの結果について話し合う。

「地面が傾いているから、水の流れ方が違うのかな」

「ビー玉やボールは水と同じように、水たまりのある方へ転がる。地面が傾いているなら、ビー玉やボールは水と同じように、水たまりのある方へ転がるだろう」

「水を何かに入れておいたら水の表面が傾いて傾きがわかる道具がある。地面が傾いているなら、ペットボトルの水面が基準の線とかわってくるだろう。ペットボトルの中の空気は高い方へ、水は低い方へ集まるだろう」

②生活経験を根拠に予想させる。

・子どもに根拠のある予想を発想させるためには、傾きがある所での物の動きを想起させる。ここでは、

①水はビー玉やボールと同じように高い所から低い方へ集まること、

②ペットボトルの中の空気は高い方に移動し、水は低い方に集まること

などの生活経験を想起させる。これらの経験を根拠として、考えさせることにより、子どもは予想の結果を見通すことができる。また、実験として再現しやすいため、主体的に問題を解決することができる。

③予想を確かめる実験器具をつくって確かめよう。

・下や右下の写真のような実験器具を作成し、確かめる。

「トレーや樋を地面に置きビー玉を入れると、ビー玉は水が流れている方へ転がるだろう」

「ペットボトルに4/5水を入れ地面に置くと、ペットボトルの水は流れている方へ集まるだろう」

③実験器具を作成させる。

教員は、教室の棚に実験器具の作成に必要と思われる物（ビー玉、ペットボトル、発泡スチロールトレーなど）を選ぶことができるよう、用意しておく。

④結果を発表しよう。

「観察場所では、水は北から南に流れていました。観察場所にビー玉を入れたトレーを置くと北から南にビー玉が集まりました。水が流れる方向とビー玉が転がる方向は同じでした」

「観察場所では、水は北から南に流れていました。観察場所にペットボトルを置くと空気は北に水は南に動きました。水が流れる方向と空気が動いた方角は逆で、水がたまった方角は同じでした」

④観察した場所の水の流れ方と実験結果を両方示して説明するように指示する。

「まず、観察場所の水が流れた方向を図で説明してください。次に、実験結果を説明してください。最後に、水の流れと実験結果が同じか違うかを説明してください」

⑤予想と実験結果を比較し予想があてはまったかどうかを判断しよう。 「予想と結果は同じでした。このことから、予想があてはまるといえます」	⑤予想と実験結果の一致、不一致を確かめさせ、予想の妥当性を判断させる。
⑥結論を見いだす。 「水の流れ方の違いは地面の傾きが関係しています」 「水は地面の高い所から低い所へ流れて集まっていました」	⑥「今日の問題は何でしたか」と発問してから、結論付けさせる。

結論：水の流れ方の違いは地面の傾きが関係している。

⑦本時の学習を振り返る。 「今日の学習でわかったことは、運動場の地面には傾きがあって、水は高い所から低い所へ流れて集まることです」 「わからなかったことは、周りの地面よりも低くへこんでいた所なのに、砂場には水たまりができていませんでした。それは何が原因なのかを調べたいです」	⑦学習の見直しと、今後追究する問題を明確にするため、「今日の学習で、何がまだ解決できていない事は何ですか」と問う。

4 学習展開の実際　～根拠のある予想や仮説を発想する力～

●事象が生じる要因を考え出す力

　根拠のある予想や仮説を発想するためには、子どもが、生起している事象と既有の知識を関係付け、その事象が生じる要因を考え出すことが必要です。問題解決のための予想・仮説を発想する場面では、「なぜ」という問いかけをすることがありますが、事象が生じる原因（要因）を発想させるためには、「何が」と具体的に問いかけることが効果的です。「何が」に気づかない場合は、水が流れたりビー玉やボールが転がったりするのは床が傾いている時であることや、ペットボトルの中の水は低い方にたまることを想起させます。そして、これらの経験と水の流れ方やたまり方の状況を関係付け「要因」に気付かせるようにします。

子どもに根拠のある予想や仮説を発想させるためには

◎ OK 発問	× NG 発問
「今まで学習したことや生活で経験したことと、似ていることはありますか?」	「予想を考えてください」

◎のような問いかけが必要となります。

また、「何が関係してそのようにさせているのですか?」、「今まで学んだことで何がそれに関係しますか?」などの発問も効果があります。

異なる事象を比較し、その違いが生じた原因について説明することを通して、子どもは根拠のある予想や仮説を発想します。ここでは、「水が流れる」「水がたまる」などの違いが生じる原因として、子どもは「地面が傾いている」などを、既習の知識や日常の生活経験から想起し、予想・仮説として発想するようになります。

おわりに

　本書の執筆の開始と同時に、新型コロナウィルス感染症が蔓延し始め、教育界にも大きな影響を与え始めました。そのため、本書でもところどころにその影響を取り上げざるを得ない状況となりました。教育は社会の情勢の変化に常に対応してきましたが、今後の動向については予測できないところが多々あります。それだけに、次の時代を生きる子供たちに「科学的な見方・考え方」を培うことの必要性を一層実感します。実際、理科をはじめとする教科教育は、これまでの「知識・理解」だけでなく、それらを基にした「思考力・判断力・表現力」の育成も問われるようになっています。

　これからの社会を生きていく子供たちに必要な資質・能力を育成するためには、何と言っても教育の力が不可欠です。ただ、これら全てが学校教育に任せられてしまうために、学校の先生方が一層多忙になり、うまく行かなくなるという悪循環も見られます。

　さて、せっかく教育大学や教育学部、教職課程の設置された学部に入学し、教職を目指していたのに、教育実習で学校の先生方の忙しさや大変さを見て、教職をあきらめてしまう学生が多くいます。また、教職に就いてから自分は先生に向いていないと悩む若い教員も少なくありません。しかし、意外かもしれませんが、教職の離職率は他の業種に比べ低いのです。大変そうと思った業務もやってみると何とかなりますし、子供や保護者は大部分は自分の味方です。意外に自分は責任感や向上心があるのだと気付くこともあります。ある意味では、現在ほど教職にやりがいを感じる時代はないかもしれません。

　本書は「初等理科教育法」がテーマとなっていますが、本書をお読みになった皆様は、いわゆる「自然の事物・現象を取り扱う理科教育」を理解するだけでなく、「激動する教育界や社会の中で子供も教員もどのように生きていけばよいのか」という問題についてより幅広く考えていただけたのではないかと思います。

そして何よりも、教員として、学ぶこと、教えること（伝えること）の楽しさをわかってもらえたのでは、と期待しています。理科に限らず、教える立場の人がその面白さを十分理解し、楽しまなければ、教育や学習としての効果はあまり期待できません。子供たちは先生の姿勢を見ています。教員自身の授業の好き嫌いすら、すぐに見抜いてしまいます。

　本書によって、これから先生になろうとする人、既に先生になって教壇に立っている人の理科教育に対する観点が広がり、理科教育への新たな取り組みのきっかけとなってもらえれば、筆者にとってこれ以上の喜びはありません。

　最後に様々な情報や意見交換をいただいた学校教育現場、教育委員会・教育センターの先生方にお礼を申し上げます。また、本書を刊行するにいたって、ご尽力ご協力をいただいた講談社サイエンティフィク大塚記央氏には、この場をお借りして深謝いたします。

令和3年3月
新型コロナウィルス感染症終息後の
新たな科学教育に向けて

　　　　　藤岡　達也

索　引

編著者紹介

藤岡　達也（ふじおか　たつや）

滋賀大学大学院教育学研究科 教授。
東北大学災害科学国際研究所客員教授、大阪府教育委員会・大阪府教育センター指導主事、
上越教育大学大学院学校教育学研究科教授（附属中学校長兼任）等を経て現職に至る。
大阪府立大学大学院人間文化学研究科博士後期課程修了。博士（学術）。
専門は防災・減災教育、科学教育、環境教育・ESD 等。
著書 「絵でわかる日本列島の地震・噴火・異常気象」「絵でわかる日本列島の地形・地質・
岩石」「絵でわかる世界の地形・岩石・絶景」（講談社）、「持続可能な社会をつくる防災教育」
「環境教育からみた自然災害・自然景観」（協同出版）、「環境教育と地域観光資源」（学文社）、
等多数。

NDC375　189p　21cm

知識とスキルがアップする
小学校教員と教育学部生のための理科授業の理論と実践（しょうがっこうきょういん きょういくがくぶせい　りかじゅぎょう　りろん　じっせん）

2021 年 3 月 19 日　第 1 刷発行

編著者	藤岡　達也（ふじおか　たつや）
発行者	髙橋　明男
発行所	株式会社 講談社
	〒 112-8001　東京都文京区音羽 2-12-21
	販売　（03）5395-4415
	業務　（03）5395-3615
編集	株式会社 講談社サイエンティフィク
	代表　堀越　俊一
	〒 162-0825　東京都新宿区神楽坂 2-14　ノービィビル
	編集　（03）3235-3701
カバー・表紙印刷	豊国印刷 株式会社
本文印刷・製本	株式会社 講談社

講談社の自然科学書

※表示価格は本体価格（税別）です.消費税が別に加算されます.　　　2021 年 1 月現在

講談社サイエンティフィク　http://www.kspub.co.jp/